REMY DE GOURMONT

LE LIVRE DES MASQUES

PORTRAITS SYMBOLISTES

GLOSES ET DOCUMENTS SUR LES ÉCRIVAINS D'HIER ET D'AUJOURD'HUI

LES MASQUES AU NOMBRE DE XXX DESSINÉS PAR
F. VALLOTTON

LE LIVRE DES MASQUES

IL A ÉTÉ TIRÉ DE CET OUVRAGE :

*Vingt-cinq exemplaires sur papier de Chine
numérotés de 1 à 25.*

JUSTIFICATION DU TIRAGE :

Droits de reproduction et de traduction réservés pour
tous pays, y compris la Suède et la Norvège.

REMY DE GOURMONT

LE LIVRE
DES MASQUES

PORTRAITS SYMBOLISTES

GLOSES ET DOCUMENTS SUR LES ÉCRIVAINS D'HIER
ET D'AUJOURD'HUI

LES MASQUES, AU NOMBRE DE XXX, DESSINÉS PAR

F. VALLOTTON

Troisième édition

PARIS
SOCIÉTÉ DV MERCVRE DE FRANCE
XV, RVE DE L'ÉCHAVDÉ-SAINT-GERMAIN, XV

M DCCC XCVI

PRÉFACE

PRÉFACE

Il est difficile de caractériser une évolution littéraire à l'heure où les fruits sont encore incertains, quand la floraison même n'est pas achevée dans tout le verger. Arbres précoces, arbres tardifs, arbres douteux et qu'on ne voudrait pas encore appeler stériles : le verger est très divers, très riche, trop riche ; — la densité des feuilles engendre de l'ombre et l'ombre décolore les fleurs et pâlit les fruits.

C'est parmi ce verger opulent et ténébreux qu'on se promènera, s'asseyant un instant au pied des arbres les plus forts, les plus beaux ou les plus agréables.

Quand elles le méritent par leur importance,

leur nécessité, leur à-propos, les évolutions littéraires reçoivent un nom ; ce nom très souvent n'a pas de signification précise, mais il est utile : il sert de signe de ralliement à ceux qui le reçoivent, et de point de mire à ceux qui le donnent ; on se bat ainsi autour d'un labarum purement verbal. Que veut dire *Romantisme ?* Il est plus facile de le sentir que de l'expliquer. Que veut dire *Symbolisme ?* Si l'on s'en tient au sens étroit et étymologique, presque rien ; si l'on passe outre, cela peut vouloir dire : individualisme en littérature, liberté de l'art, abandon des formules enseignées, tendances vers ce qui est nouveau, étrange et même bizarre ; cela peut vouloir dire aussi : idéalisme, dédain de l'anecdote sociale, antinaturalisme, tendance à ne prendre dans la vie que le détail caractéristique, à ne prêter attention qu'à l'acte par lequel un homme se distingue d'un autre homme, à ne vouloir réaliser que des résultats, que l'essentiel ; enfin, pour les poètes, le symbolisme semble lié au vers libre, c'est-à-dire démailloté, et dont le jeune corps peut s'ébattre à l'aise, sorti de l'embarras des langes et des liens.

Tout cela n'a que peu de rapports avec les

syllabes du mot, — car il ne faut pas laisser insinuer que le symbolisme n'est que la transformation du vieil allégorisme ou de l'art de personnifier une idée dans un être humain, dans un paysage, dans un récit. Un tel art est l'art tout entier, l'art primordial et éternel, et une littérature délivrée de ce souci serait inqualifiable ; elle serait nulle, d'une signification esthétique adéquate aux gloussements du hocco ou aux braiements de l'onagre.

La littérature n'est pas en effet autre chose que le développement artistique de l'idée, que la symbolisation de l'idée au moyen de héros imaginaires. Les héros, ou les hommes (car chaque homme est un héros, dans sa sphère) ne sont qu'ébauchés par la vie ; c'est l'art qui les complète en leur donnant, en échange de leur pauvre âme malade, le trésor d'une immortelle idée, et le plus humble peut être appelé à cette participation, s'il est élu par un grand poète. Quel humble que cet Énée que Virgile charge de tout le fardeau d'être l'idée de la force romaine, et quel humble que ce Don Quichotte à qui Cervantès impose l'épouvantable poids d'être à la fois Roland et les quatre fils Aymon, Amadis, Palmerin, Tristan et tous les chevaliers de la Table ronde! L'histoire du symbolisme, ce serait l'histoire de l'homme même, puisque l'homme ne peut s'assimiler une idée que symbolisée. Il ne faut pas insister, car nous pourrions croire que les jeunes dévots du symbolisme ignorent jusqu'à la *Vita Nuova* et ce personnage de Béatrice, dont les frêles et pures épaules restent pourtant droites sous le complexe faix des symboles dont le poète l'accable.

D'où est donc venue l'illusion que la symbolisation de l'idée était une nouveauté ? Voici.

Nous eûmes, en ces dernières années, un essai très sérieux de littérature basée sur le mépris de l'idée et le dédain du symbole. On en connaît la théorie, qui semble culinaire : Prenez une tranche de vie, etc. M. Zola, ayant inventé la recette, oublia de s'en servir. Ses « tranches de vie » sont de lourds poèmes d'un lyrisme fangeux et tumultueux, romantisme populaire, symbolisme démocratique, mais toujours pleins d'une idée, toujours gros d'une signification allégorique, *Germinal*, la Mine, la Foule, la Grève. La révolte idéaliste ne se dressa donc pas contre les œuvres (à moins que contre les basses œuvres) du naturalisme, mais contre sa théorie ou plutôt contre sa prétention ; revenant aux nécessités antérieures, éternelles, de l'art, les révoltés crurent affirmer des vérités nouvelles, et même surprenantes, en professant leur volonté de réintégrer l'idée dans la littérature ; ils ne faisaient que rallumer le flambeau ; ils allumèrent aussi, tout autour, beaucoup de petites chandelles.

Une vérité nouvelle, il y en a une, pourtant, qui est entrée récemment dans la littérature et dans l'art, c'est une vérité toute métaphysique et toute d'*a priori* (en apparence), toute jeune, puisqu'elle n'a qu'un siècle et vraiment neuve, puisqu'elle n'avait pas encore servi dans l'ordre esthétique. Cette vérité, évangélique et merveilleuse, libératrice et rénovatrice, c'est le principe de l'idéalité du monde. Par rapport à l'homme, sujet pensant, le monde, tout ce qui est extérieur au moi, n'existe que selon l'idée qu'il s'en fait. Nous ne connaissons que des phénomènes, nous ne raisonnons que sur des apparences ; toute vérité en soi nous échappe ; l'essence est inattaquable. C'est ce que Schopenhauer a vulga-

risé sous cette formule si simple et si claire :
Le monde est ma représentation. Je ne vois
pas ce qui est ; ce qui est, c'est ce que je vois.
Autant d'hommes pensants, autant de mondes
divers et peut-être différents. Cette doctrine,
que Kant laissa en chemin pour se jeter au
secours de la morale naufragée, est si belle et
si souple qu'on la transpose sans en froisser la
libre logique de la théorie à la pratique, même
la plus exigeante, principe universel d'émancipation de tout homme capable de comprendre.
Elle n'a pas révolutionné que l'esthétique,
mais ici il n'est question que d'esthétique.

On donne encore dans des manuels une
définition du beau ; on va plus loin : on donne
les formules par quoi un artiste arrive à l'expression du beau. Il y a des instituts où l'on
enseigne ces formules, qui ne sont que la
moyenne et le résumé d'idées ou d'appréciations
antérieures. En esthétique, les théories étant
généralement obscures, on leur adjoint l'exemple, l'idéal parangon, le modèle à suivre. En
ces instituts (et le monde civilisé n'est qu'un
vaste Institut) toute nouveauté est tenue pour
blasphématoire, et toute affirmation personnelle

devient un acte de démence. M. Nordau, qui a lu, avec une patience bizarre, toute la littérature contemporaine, propagea cette idée vilainement destructrice de tout individualisme intellectuel que le « non conformisme » est le crime capital pour un écrivain. Nous différons violemment d'avis. Le crime capital pour un écrivain c'est le conformisme, l'imitativité, la soumission aux règles et aux enseignements. L'œuvre d'un écrivain doit être non seulement le reflet, mais le reflet grossi de sa personnalité. La seule excuse qu'un homme ait d'écrire, c'est de s'écrire lui-même, de dévoiler aux autres la sorte de monde qui se mire en son miroir individuel; sa seule excuse est d'être original; il doit dire des choses non encore dites et les dire en une forme non encore formulée. Il doit se créer sa propre esthétique, — et nous devrons admettre autant d'esthétiques qu'il y a d'esprits originaux et les juger d'après ce qu'elles sont et non d'après ce qu'elles ne sont pas.

Admettons donc que le symbolisme, c'est, même excessive, même intempestive, même prétentieuse, l'expression de l'individualisme dans l'art.

Cette définition, trop simple, mais claire, nous suffira provisoirement. Au cours des suivants portraits, ou plus tard, nous aurons sans doute l'occasion de la compléter; son principe servira encore à nous guider, en nous incitant à rechercher, non pas ce que devraient faire, selon de terribles règles, selon de tyranniques traditions, les écrivains nouveaux, mais ce qu'ils ont voulu faire. L'esthétique est devenue, elle aussi, un talent personnel; nul n'a le droit d'en imposer aux autres une toute faite. On ne peut comparer un artiste qu'à lui-même, mais il y a profit et justice à noter des dissemblances : nous tâcherons de marquer, non en quoi les « nouveaux venus » se ressemblent, mais en quoi ils diffèrent, c'est-à-dire en quoi ils existent, car être existant, c'est être différent.

Ceci n'est pas écrit pour prétendre qu'il n'y a pas entre la plupart d'entre eux d'évidentes similitudes de pensée et de technique, fait inévitable, mais tellement inévitable qu'il est sans intérêt. On n'insinue pas davantage que cette floraison est spontanée; avant la fleur, il y a la graine, elle-même tombée d'une fleur; ces jeunes gens ont des pères et des maîtres : Baudelaire, Villiers de l'Isle-Adam, Verlaine, Mallarmé, et d'autres. Ils les aiment morts ou vivants, ils les lisent, ils les écoutent. Quelle sottise de croire que nous dédaignons ceux d'hier ! Qui donc a une cour plus admirative et plus affectueuse que Stéphane Mallarmé ? Et Villiers est-il oublié ? Et Verlaine délaissé ?

Maintenant, il faut prévenir que l'ordre de ces portraits, sans être tout à fait arbitraire, n'implique aucune classification de palmarès, il y a même, hors de la galerie, des absents notoires, qu'une occasion nous ramènera ; il y a des cadres vides et aussi des places nues ; quant aux portraits mêmes, si quelques-uns les jugent incomplets et trop brefs, nous répondrons les avoir voulus ainsi, n'ayant la prétention que de donner des indications, que de montrer, d'un geste du bras, la route.

Enfin, pour rejoindre aujourd'hui à hier, nous avons intercalé, parmi les figures nouvelles, des faces connues : et alors, au lieu de récrire une physionomie familière à beaucoup, on a cherché à mettre en lumière, plutôt que l'ensemble, tel point obscur.

Les renseignements bibliographiques de l'Appendice, aussi précis que possible, sont là pour ajouter à ce tome de littérature, qui se glorifie d'abord des insignes masques de M. F. Vallotton, un petit intérêt documentaire.

R. G.

MAURICE MAETERLINCK

MAURICE MAETERLINCK

De la vie vécue par des êtres douloureux qui se meuvent dans le mystère d'une nuit. Ils ne savent rien que souffrir, sourire, aimer ; quand ils veulent comprendre, l'effort de leur inquiétude devient de l'angoisse et leur révolte s'évanouit en sanglots. Monter, monter toujours les dolentes marches du calvaire et se heurter le front à une porte de fer : ainsi monte sœur Ygraine, ainsi monte et se heurte à la cruauté de la porte de fer chacune des pauvres créatures dont M. Maeterlinck nous dévoile les simples et pures tragédies.

En d'autres temps le sens de la vie fut connu ; alors les hommes n'ignoraient rien d'essentiel, puisqu'ils savaient le but de leur voyage et en quelle dernière auberge se trouvait le lit du repos. Quand, par la Science même, cette science élémentaire leur eut été enlevée, les uns se réjouirent, se croyant allégés d'un fardeau ; les autres se lamentèrent, sentant bien que par-dessus tous les autres fardeaux de leurs épaules on en avait jeté un, à lui tout seul plus lourd que le reste : le fardeau du Doute.

De cette sensation toute une littérature est née, littérature de douleur, de révolte contre le fardeau, de blasphèmes contre le Dieu muet. Mais, après la furie des cris et des interrogations, il y eut une rémittence, et ce fut la littérature de la tristesse, de l'inquiétude et de l'angoisse ; la révolte a été jugée inutile et puérile l'imprécation : assagie par de vaines batailles, l'humanité lentement se résigne à ne rien savoir, à ne rien comprendre, à ne rien craindre, à ne rien espérer, — que de très lointain.

— Il y a une île quelque part dans les brouillards, et dans l'île il y a un château, et dans le château il y a une grande salle éclairée d'une petite lampe, et dans la grande salle il y a des gens qui attendent. Ils attendent quoi ? Ils ne savent pas. Ils attendent que l'on frappe à la porte, ils attendent que la lampe s'éteigne, ils attendent la Peur, ils attendent la Mort. Ils parlent ; oui, ils disent des mots qui troublent un instant le silence, puis ils écoutent encore, laissant leurs phrases inachevées et leurs gestes interrompus. Ils écoutent, ils attendent. Elle ne viendra peut-être pas ? Oh ! elle viendra. Elle vient toujours. Il est tard, elle ne viendra peut-être que demain. Et les gens assemblés dans la grande salle sous la petite lampe se mettent à sourire et ils vont espérer. On frappe. Et c'est tout ; c'est toute une vie, c'est toute la vie.

En ce sens, les petits drames de M. Maeterlinck, si délicieusement irréels, sont profondément vivants et vrais ; ses personnages, qui ont l'air de fantômes, sont gonflés de vie, comme ces boules qui semblent inertes et qui, chargées d'électricité, vont fulgurer au contact d'une pointe ; ils ne sont pas des abstractions, mais des synthèses ; ils sont des états d'âme ou, plus encore, des états d'humanité, des moments, des minutes qui seraient éternelles : en somme ils sont réels, à force d'irréalité.

Une telle sorte d'art fut pratiquée jadis, à la suite du *Roman de la Rose*, par de pieux romanciers qui firent, en des livrets d'une gaucherie prétentieuse, évoluer des abstractions et des symboles. *Le Voyage d'un nommé Chrétien* (*The Pilgrim's Progress*), de Bunyan, *le Voyage spirituel*, de l'espagnol Palafox, *le Palais de l'Amour divin*, d'un inconnu, ne sont pas œuvres totalement méprisables, mais les choses y sont vraiment trop expliquées et les personnages y portent des noms vraiment trop évidents. Voit-on sur quelque théâtre libre un drame joué entre des êtres qui se nomment Cœur, Haine, Joie, Silence, Souci, Soupir, Peur, Colère et Pudeur! L'heure de tels amusements est passée ou n'est pas revenue : ne relisez pas *le Palais de l'Amour divin;* lisez *la Mort de Tintagiles*, car c'est à l'œuvre nouvelle qu'il faut demander ses plaisirs esthétiques, si on les veut complets, poignants et enveloppants. M. Maeterlinck, vraiment, nous prend, nous point et nous enlace, pieuvre faite des doux cheveux des jeunes princesses endormies, et au milieu d'elles le sommeil agité du petit enfant, «triste comme un jeune roi»! Il nous enlace et nous emporte où il lui plaît, jusqu'au fond des abîmes où tournoie « le cadavre décomposé de l'agneau d'Alladine », — et plus loin, jusque dans les obscures et pures régions où des amants disent : « Que tu m'embrasses gravement... — Ne ferme pas les yeux quand je t'embrasse ainsi... Je veux voir les baisers qui tremblent dans ton cœur ; et toute la rosée qui monte de ton âme... nous ne trouverons plus de baisers comme ceux-ci... — Toujours, toujours !... — Non, non : on ne s'embrasse pas deux fois sur le cœur de la mort... » A de si beaux soupirs toute objection devient muette ; on se tait d'avoir senti un nouveau mode d'aimer et de dire son amour. Nouveau, vraiment ; M. Maeterlinck est très lui-même, et pour rester entièrement personnel, il sait être monocorde : mais cette seule corde, il en a semé, roui, teillé le chanvre, et elle chante douce, triste et unique sous ses languissantes mains. Il a réussi une œuvre vraie ; il a trouvé un cri sourd inentendu, une sorte de gémissement frileusement mystique.

Mysticisme, ce mot a pris en ces dernières années tant de sens les plus divers et même divergents qu'il faudrait le définir à nouveau et expressément chaque fois qu'on va l'écrire. Certains lui donnent une signification qui le rapprocherait de cet autre mot qui semble clair, individualisme ; et il est certain que cela se touche, puisque le mysticisme peut être dit l'état dans lequel une âme, laissant aller le monde physique et dédaigneuse des chocs et des accidents, ne s'adonne qu'à des relations et à des intimités directes avec l'infini ; or, si l'infini est immuable et un, les âmes sont changeantes et plusieurs : une âme n'a pas avec Dieu les mêmes entretiens que ses sœurs, et Dieu, quoique immuable et un,. se modifie selon le désir de chacune de ses créatures et il ne dit pas à l'une ce qu'il vient de dire à l'autre. Le privilège de l'âme élevée au mysticisme est la liberté ; son corps même n'est pour elle qu'un voisin auquel elle donne à peine le conseil amical du silence, mais s'il parle elle ne l'entend qu'à travers un mur, et s'il agit elle ne le voit agir qu'à travers un voile. Un autre nom a été donné, historiquement, à un tel état de vie : quiétisme ; cette phrase de M. Maeterlinck est bien d'un quiétiste, qui nous montre Dieu souriant « à nos fautes les plus graves comme on sourit au jeu des petits chiens sur un tapis ». Elle est grave, mais elle est vraie si l'on songe à ce peu de chose qu'est un fait et comment un fait se produit et comment nous sommes entraînés par la chaîne sans fin de l'Action et combien peu nous participons réellement à nos actes les plus décisifs et les mieux motivés. Une telle morale, laissant aux misérables lois humaines le soin des jugements inutiles, arrache à la vie l'essence même de la vie et la transporte en des régions supérieures où elle fructifie à l'abri des contingences, et des plus humiliantes, qui sont les contingences sociales. La morale mystique ignore donc toute œuvre qui n'est point marquée à la fois du double sceau humain et divin; aussi fut-elle toujours redoutée des clergés et des magistratures, car niant toute hiérarchie d'apparence, elle nie, au moins par abstention, tout l'ordre social : un mystique peut consentir à tous les esclavages, mais non à celui d'être un citoyen. M. Maeterlinck voit venir des temps où les hommes se comprendront d'âme à âme, comme les mystiques se comprennent d'âme à Dieu. Est-ce vrai ? Les hommes seront-ils un jour des hommes, des êtres libres et si fiers qu'ils n'admettront d'autres jugements que les jugements de Dieu ? M. Maeterlinck aperçoit cette aurore, parce qu'il regarde en lui-même et qu'il est lui-même une aurore, mais s'il regardait l'humanité extérieure, il ne verrait que l'immonde appétit socialiste des auges et des étables. Les humbles, pour qui il a écrit divinement, ne liront pas son livre, et s'ils le lisaient, ils n'y verraient qu'une dérision, car ils ont appris que l'idéal est une mangeoire et ils savent que s'ils levaient les yeux vers Dieu, leurs maîtres les fouetteraient.

Ainsi *le Trésor des Humbles*, ce livre d'amour et de libération, me fait songer avec amertume à la misérable condition de l'homme d'aujourd'hui — et sans doute de tous les temps possibles,

> Magnifique mais qui sans espoir se délivre
> Pour n'avoir pas chanté la région où vivre
> Quand du stérile hiver a resplendi l'ennui.

Et ce sera en vain que

> Tout son col secouera cette blanche agonie,

l'heure de la délivrance sera passée et quelques-uns seulement l'auront entendue sonner.

Pourtant, que de moyens de salut dans ces pages où M. Maeterlinck, disciple de Ruysbroeck, de Novalis, d'Emerson et d'Hello, ne demandant à ces supérieurs esprits (dont les deux moindres eurent des intuitions de génie) que le signe de la main qui encourage aux voyages obscurs! Le commun des hommes, et les plus conscients, qui ont tant d'heures de tiédeur, y trouveraient des encouragements à goûter la simplicité des jours et les murmures sourds de la vie profonde. Ils apprendraient la signification des gestes très humbles et des mots très futiles, et que le rire d'un enfant ou le babillage d'une femme équivalent par ce qu'ils contiennent d'âme et de mystère aux plus éblouissantes paroles des Sages. Car M. Maeterlinck, avec son air d'être un Sage, et bien sage, nous confie des pensées inhabituelles et d'une candeur bien irrespectueuse de la tradition psychologique, et d'une audace bien dédaigneuse des habitudes mentales, assumant la bravoure de n'attribuer aux choses que l'importance qu'elles auraient dans un monde définitif. Ainsi la sensualité est tout à fait absente de ses méditations; il connaît l'importance mais aussi l'insignifiance des mouvements du sang et des nerfs, orages qui précèdent ou suivent, mais n'accompagnent jamais la pensée ; et s'il parle de femmes qui sont autre chose qu'une âme, c'est pour s'enquérir « du sel mystérieux qui conserve à jamais le souvenir de la rencontre de deux bouches ».

De poèmes ou de philosophies, la littérature de M. Maeterlinck vient à une heure où nous avons le plus besoin d'être surélevés et fortifiés, à une heure où il n'est pas indifférent qu'on nous dise que le but suprême de la vie c'est « de tenir ouvertes les grandes routes qui mènent de ce qu'on voit à ce qu'on ne voit pas ». M. Maeterlinck n'a pas seulement tenu ouvertes les grandes routes frayées par tant d'âmes de bonne volonté et où de grands esprits çà et là ouvrent leurs bras comme des oasis, — il semble bien qu'il ait augmenté vers l'infini la profondeur de ces grandes routes : il a dit « des mots si spécieux tout bas » que les ronces se sont écartées toutes seules, que des arbres se sont émondés spontanément et qu'un pas de plus est possible et que le regard va aujourd'hui plus loin qu'hier.

D'autres ont sans doute ou eurent une langue plus riche, une imagination plus féconde, un don plus net de l'observation, plus de fantaisie, des facultés plus aptes à claironner les musiques du verbe, — soit, mais avec une langue timide et pauvre, d'enfantines combinaisons dramatiques, un système presque énervant de répétition phraséologique, avec ces maladresses, avec toutes les maladresses, Maurice Maeterlinck œuvre des livres et des livrets d'une originalité certaine, d'une nouveauté si vraiment neuve qu'elle déconcertera longtemps encore le lamentable troupeau des misonéistes, le peuple de ceux qui pardonnent une hardiesse, s'il y a un précédent, — comme dans le protocole — mais qui regardent en défiance le génie, qui est la hardiesse perpétuelle.

ÉMILE VERHAEREN

ÉMILE VERHAEREN

De tous les poètes d'aujourd'hui, narcisses penchés le long de la rivière, M. Verhaeren est le moins complaisant à se laisser admirer. Il est rude, violent, maladroit. Occupé depuis vingt ans à forger un outil étrange et magique, il demeure dans une caverne de la montagne, martelant les fers rougis, radieux des reflets du feu, auréolé d'étincelles. C'est ainsi que l'on devrait le représenter, forgeron qui,

> Comme s'il travaillait l'acier des âmes,
> Martèle à grands coups pleins, les lames
> Immenses de la patience et du silence.

Si on découvre sa demeure et qu'on l'interroge, il répond par une parabole dont chaque mot semble scandé sur l'enclume, et, pour conclure, il donne un grand coup du marteau lourd.

Quand il ne travaille pas dans sa forge, il s'en va par les campagnes, la tête et les bras nus, et les campagnes flamandes lui disent des secrets qu'elles n'ont encore dit à personne. Il voit des choses miraculeuses et n'en est pas étonné; devant lui passent des êtres singuliers, des êtres que tout le monde coudoie sans le savoir, visibles pour lui seul. Il a rencontré le Vent de novembre :

> Le vent sauvage de novembre,
>   Le vent,
> L'avez-vous rencontré, le vent
> Au carrefour des trois cents routes... ?

Il a vu la Mort et plus d'une fois ; il a vu la Peur; il a vu le Silence

> S'asseoir immensément du côté de la nuit.

Le mot caractéristique de la poésie de M. Verhaeren, c'est le mot *halluciné*. De page en page, ce mot surgit; un recueil tout entier, les *Campagnes hallucinées*, ne l'a pas délivré de cette obsession ; l'exorcisme n'était pas possible, car c'est la nature et l'essence même de M. Verhaeren d'être le poète halluciné. « Les sensations, disait Taine, sont des hallucinations vraies », mais où commence la vérité et où finit-elle ? Qui oserait la circonscrire ? Le poète, qui n'a pas de scrupules psychologiques, ne s'attarde pas au soin de partager les hallucinations en vraies et en fausses ; pour lui, elles sont toutes vraies, si elles sont aiguës ou fortes, et il les raconte avec ingénuité, — et quand le récit est fait par M. Verhaeren, il est très beau. La beauté en art est un résultat relatif et qui s'obtient par le mélange d'éléments très divers, souvent les plus inattendus. De ces éléments, un seul est stable et permanent ; il doit se retrouver dans toutes les combinaisons : c'est la nouveauté. Il faut qu'une œuvre d'art soit nouvelle, et on la reconnaît nouvelle tout simplement à ceci qu'elle vous donne une sensation non encore éprouvée.

Si elle ne donne pas cela, une œuvre, quelque parfaite qu'on la juge, est tout ce qu'il y a de pire et de méprisable ; elle est inutile et laide, puisque rien n'est plus absolument utile que la beauté. Chez M. Verhaeren, la beauté est faite

de nouveauté et de puissance ; ce poète est un
fort et, depuis ces *Villes tentaculaires* qui viennent de surgir avec la violence d'un soulèvement
tellurique, nul n'oserait lui contester l'état et la
gloire d'un grand poète. Peut-être n'a-t-il pas
encore achevé tout à fait l'instrument magique
qu'il forge depuis vingt ans. Peut-être n'est-il
pas encore tout à fait maître de sa langue ; il
est inégal ; il laisse ses plus belles pages s'alour-
dir d'épithètes inopportunes, et ses plus beaux
poèmes s'empêtrer dans ce qu'on appelait jadis
le prosaïsme. Pourtant l'impression reste, de
puissance et de grandeur, et oui : c'est un grand
poète. Écoutez ce fragment des *Cathédrales :*

. . . .
— O ces foules, ces foules
Et la misère et la détresse qui les foulent
Comme des houles !

Les ostensoirs, ornés de soie,
Vers les villes échafaudées,
En toits de verre et de cristal,
Du haut du chœur sacerdotal,
Tendent la croix des gothiques idées.

Ils s'imposent dans l'or des clairs dimanches
— Toussaint, Noël, Pâques et Pentecôtes blanches.
Ils s'imposent dans l'or et dans l'encens et dans la fête
Du grand orgue battant du vol de ses tempêtes

Les chapiteaux rouges et les voûtes vermeilles ;
Ils sont une âme, en du soleil,
Qui vit de vieux décor et d'antique mystère
Autoritaire.

Pourtant, dès que s'éteignent le cantique
Et l'antienne naïve et prismatique,
Un deuil d'encens évaporé s'empreint
Sur les trépieds d'argent et les autels d'airain ;

Et les vitraux, grands de siècles agenouillés
Devant le Christ, avec leurs papes immobiles
Et leurs martyrs et leurs héros, semblent trembler
Au bruit d'un train hautain qui passe sur la ville.

M. Verhaeren paraît un fils direct de Victor Hugo, surtout en ses premières œuvres ; même après son évolution vers une poésie plus librement fiévreuse, il est encore resté romantique ; appliqué à son génie, ce mot garde toute sa splendeur et toute son éloquence. Voici, pour expliquer cela, quatre strophes évoquant les temps de jadis :

Jadis — c'était la vie errante et somnambule,
A travers les matins et les soirs fabuleux,
Quand la droite de Dieu vers les Chanaans bleus
Traçait la route d'or au fond des crépuscules.

Jadis — c'était la vie énorme, exaspérée,
Sauvagement pendue aux crins des étalons,
Soudaine, avec de grands éclairs à ses talons
Et vers l'espace immense immensément cabrée.

Jadis — c'était la vie ardente, évocatoire ;
La Croix blanche de ciel, la Croix rouge d'enfer
Marchaient, à la clarté des armures de fer,
Chacune à travers sang, vers son ciel de victoire.

Jadis — c'était la vie écumante et livide,
Vécue et morte, à coups de crime et de tocsins,
Bataille entre eux, de proscripteurs et d'assassins,
Avec, au-dessus d'eux, la mort folle et splendide.

Ces vers sont tirés des *Villages illusoires*, écrits presque uniquement en vers libres assonancés et coupés selon un rythme haletant, mais M. Verhaeren, maître du vers libre, l'est aussi du vers romantique, auquel il sait imposer, sans le briser, l'effréné, le terrible galop de sa pensée, ivre d'images, de fantômes et de visions futures.

HENRI DE RÉGNIER

HENRI DE RÉGNIER

Celui-là vit en un vieux palais d'Italie où des emblèmes et des figures sont écrits sur les murs. Il songe, passant de salle en salle, il descend l'escalier de marbre vers le soir, et s'en va dans les jardins, dallés comme des cours, rêver sa vie parmi les bassins et les vasques, cependant que les cygnes noirs s'inquiètent de leur nid et qu'un paon, seul comme un roi, semble boire superbement l'orgueil mourant d'un crépuscule d'or. M. de Régnier est un poète mélancolique et somptueux : les deux mots qui éclatent le plus souvent dans ses vers sont les mots *or* et *mort*, et il est des poèmes où revient jusqu'à faire peur l'insistance de cette rime automnale et royale. Dans le recueil de ses dernières œuvres on compterait sans doute plus de cinquante vers ainsi finis : oiseaux d'or, cygnes d'or, vasques d'or, fleur d'or, et lac mort, jour mort, rêve mort, automne mort. C'est une obsession très curieuse et symptomatique, non pas et bien au contraire d'une possible indigence verbale, mais d'un amour avoué pour une couleur particulièrement riche et d'une richesse triste comme celle d'un coucher de soleil, richesse qui va devenir nocturne.

Des mots s'imposent à lui quand il veut peindre ses impressions et la couleur de ses songes ; des mots s'imposent aussi à qui veut le définir et d'abord celui-ci, déjà écrit mais qui renaît, invincible : richesse. M. de Régnier est le poète riche par excellence, — riche d'images ! Il en a plein des coffres, plein des caves, plein des souterrains, et incessamment une file d'esclaves lui en apporte d'opulentes corbeilles qu'il vide, dédaigneux, sur les marches éblouies de ses escaliers de marbre, cascades versicolores qui s'en vont bouillonnantes, puis paisibles, former des étangs et des lacs irradiés. Toutes ne sont pas nouvelles. M. Verhaeren préfère, aux plus justes et aux plus belles métaphores antérieures, celles qu'il crée lui-même, même maladroites, même informes ; M. de Régnier ne dédaigne pas les métaphores antérieures, mais il les refaçonne et se les approprie en modifiant leur entourage, en leur imposant des voisinages nouveaux, des significations encore inconnues ; si parmi ces images retravaillées il s'en trouve quelqu'une de matière vierge, l'impression que donnera une telle poésie n'en sera pas moins tout à fait originale. En œuvrant ainsi, on échappe au bizarre et à l'obscur ; le lecteur n'est pas brusquement jeté dans une forêt dédalienne ; il retrouve son chemin, et sa joie de cueillir des fleurs nouvelles se double de la joie de cueillir des fleurs familières.

> Le temps triste a fleuri ses heures en fleurs mortes,
> L'An qui passe a jauni ses jours en feuilles sèches.
> L'Aube pâle s'est vue à des eaux mornes
> Et les faces du soir ont saigné sous les flèches
> Du vent mystérieux qui rit et qui sanglote.

Une telle poésie a certainement de l'allure.

M. de Régnier sait dire en vers tout ce qu'il veut, sa subtilité est infinie ; il note d'indéfinissables nuances de rêve, d'imperceptibles apparitions, de fugitifs décors ; une main nue qui s'appuie un peu crispée sur une table de marbre, un fruit qui oscille sous le vent et qui tombe, un étang abandonné, ces riens lui suffisent et le poème surgit, parfait et pur. Son vers est très évocateur ; en quelques syllabes, il nous impose sa vision.

Je sais de tristes eaux en qui meurent les soirs ;
Des fleurs que nul n'y cueille y tombent une à une...

Encore très différent en cela de Verhaeren, il est maître absolu de sa langue ; que ses poèmes soient le résultat d'un long ou d'un bref travail, ils ne portent nulle marque d'effort, et ce n'est pas sans étonnement, ni même sans admiration, que l'on suit la noble et droite chevauchée de ces belles strophes, haquenées blanches harnachées d'or qui s'enfoncent dans la gloire des soirs.

Riche et subtile, la poésie de M. de Régnier n'est jamais purement lyrique ; il enferme une idée dans le cercle enguirlandé de ses métaphores, et si vague ou si générale que soit cette idée, cela suffit à consolider le collier ; les perles sont retenues par un fil, parfois invisible, mais toujours solide ; ainsi, ces quelques vers :

> L'Aube fut si pâle hier
> Sur les doux prés et sur les prêles,
> Qu'au matin clair
> Un enfant vint parmi les herbes,
> Penchant sur elles
> Ses mains pures qui y cueillaient des asphodèles.
>
> Midi fut lourd d'orage et morne de soleil
> Au jardin mort de gloire en son sommeil
> Léthargique de fleurs et d'arbres,
> L'eau était dure à l'œil comme du marbre,
> Le marbre tiède et clair comme de l'eau,
> Et l'enfant qui vint était beau,
> Vêtu de poupre et lauré d'or,
> Et longtemps on voyait de tige en tige encor,
> Une à une, saigner les pivoines leur sang
> De pétales au passage du bel Enfant.
>
> L'Enfant qui vint ce soir était nu,
> Il cueillait des roses dans l'ombre,
> Il sanglotait d'être venu,
> Il reculait devant son ombre,
> C'est en lui nu
> Que mon Destin s'est reconnu.

Simple épisode d'un plus long poème, lui-même fragment d'un livre, ce petit triptyque a plusieurs significations et dit des choses différentes selon qu'on le laisse à sa place ou qu'on l'isole : ici, image d'un destin particulier ; là, image générale de la vie. Qu'on y voie encore un exemple de vers libres vraiment parfaits et maniés par un maître.

FRANCIS VIELÉ-GRIFFIN

FRANCIS VIELÉ-GRIFFIN

Je ne veux pas dire que M. Vielé-Griffin soit un poète joyeux ; pourtant, il est le poète de la joie. Avec lui, on participe aux plaisirs d'une vie normale et simple, aux désirs de la paix, à la certitude de la beauté, à l'invincible jeunesse de la Nature. Il n'est ni violent, ni somptueux, ni doux : il est calme. Bien que très subjectif, ou à cause de cela, car penser à soi, c'est penser à soi tout entier, il est religieux. Comme Emerson, il doit voir dans la nature « les images de la plus ancienne religion » et songer, encore comme Emerson : « Il semble qu'une journée n'a pas été tout entière profane, où quelque attention a été donnée aux choses de la nature. »

Un par un, il connaît et il aime les éléments de la forêt, depuis les « grands doux frênes » jusqu'au « jeune million des herbes », et c'est bien sa forêt, sa personnelle et originale forêt :

> Sous ma forêt de Mai fleure tout chèvrefeuille.
> Le soleil goutte en or par l'ombre grasse,
> Un chevreuil bruit dans les feuilles qu'il cueille,
> La brise en la frise des bouleaux passe,
> De feuille en feuille ;
>
> Par ma plaine de mai toute herbe s'argente,
> Le soleil y luit comme au jeu des épées,
> Une abeille vibre aux muguets de la sente
> Des hautes fleurs vers le ru groupées.
> La brise en la frise des frênes chante...

Mais il connaît d'autres fleurs que celles dont les clairières sont coutumières ; il connaît la fleur-qui-chante, celle qui chante, lavande, marjolaine ou fée, dans le vieux jardin des ballades et des contes. Les chansons populaires ont laissé dans sa mémoire des refrains qu'il mêle à de petits poèmes qui en sont le commentaire ou le rêve :

> Où est la Marguerite,
> O gué, ô gué,
> Où est la Marguerite ?

Elle est dans son château, cœur las et fatigué,
Elle est dans son hameau, cœur enfantile et gai,
Elle est dans son tombeau, semons-y du muguet,
    O gué, la Marguerite.

Et cela est presque aussi pur que les *Cydalises* de Gérard de Nerval,

> Où sont nos amoureuses ?
> Elles sont au tombeau ;
> Elles sont plus heureuses
> Dans un séjour plus beau...

Et presque aussi innocemment cruel que cette ronde que chantent — et que dansent — les petites filles.

> La beauté, à quoi sert-elle ?
> Elle sert à aller en terre,
> Être mangée par les vers,
> Être mangée par les vers...

M. Vielé-Griffin n'a usé que discrètement de la poésie populaire — cette poésie de si peu d'art qu'elle semble incréée — mais il eût été moins discret qu'il n'en eût pas mésusé, car il en a le sentiment et le respect. D'autres poètes ont malheureusement été moins prudents et ils ont cueilli la rose-qui-parle avec de si maladroites ou de si grossières mains qu'on souhaiterait qu'un éternel silence eût été conjuré autour d'un trésor maintenant souillé et vilipendé.

Comme la forêt, la mer enchante et enivre M. Vielé-Griffin ; il l'a dite toute en ses premiers vers, cette déjà lointaine *Cueille d'Avril*, la mer dévoratrice, insatiable, gouffre et tombe, la mer sauvage à la houle orgueilleuse et triomphale, la mer lascive aux voluptueuses vagues, la mer furieuse, la mer insoucieuse, la mer tenace et muette, la mer envieuse et qui se farde d'étoiles ou de soleils, d'aurores ou de minuits, — et le poète lui reproche sa gloire volée :

> Ne sens-tu pas en toi l'opulence de n'être
> Que pour toi seule belle, ô Mer, et d'être toi ?

puis il proclame sa fierté de n'avoir pas suivi l'exemple de la mer, de n'avoir pas demandé la gloire à d'heureuses réminiscences, à de hardis plagiats. Il faut reconnaître que M. Vielé-Griffin, qui ne mentait déjà pas, s'est tenu parole depuis ; il est bien demeuré lui-même, vraiment libre, vraiment fier et vraiment farouche. Sa forêt n'est pas illimitée, mais ce n'est pas une forêt banale, c'est un domaine.

Je ne parle pas de la part très importante qu'il a eue dans la difficile conquête du vers libre ; — mon impression est plus générale et plus profonde, et doit s'entendre non seulement de la forme, mais de l'essence de son art : il y a, par Francis Vielé-Griffin, quelque chose de nouveau dans la poésie française.

STÉPHANE MALLARMÉ

STÉPHANE MALLARMÉ

Avec Verlaine, M. Stéphane Mallarmé est le poète qui a eu l'influence la plus directe sur les poètes d'aujourd'hui. Tous deux furent parnassiens et d'abord baudelairiens.

Per me si va tra la perduta gente.

Par eux on descend le long de la montagne triste jusqu'en la cité dolente des *Fleurs du Mal*. Toute la littérature actuelle et surtout celle que l'on appelle symboliste, est baudelairienne, non sans doute par la technique extérieure, mais par la technique interne et spirituelle, par le sens du mystère, par le souci d'écouter ce que disent les choses, par le désir de correspondre, d'âme à âme, avec l'obscure pensée répandue dans la nuit du monde, selon ces vers si souvent dits et redits :

> La nature est un temple où de vivants piliers
> Laissent parfois sortir de confuses paroles ;
> L'homme y passe à travers des forêts de symboles
> Qui l'observent avec des regards familiers.
>
> Comme de longs échos qui de loin se confondent
> Dans une ténébreuse et profonde unité,
> Vaste comme la nuit et comme la clarté,
> Les parfums, les couleurs et les sons se répondent.

Avant de mourir, Baudelaire avait lu les premiers vers de Mallarmé ; il s'en inquiéta ; les poètes n'aiment pas à laisser derrière eux un frère ou un fils ; ils se voudraient seuls et que leur génie pérît avec leur cerveau. Mais M. Mallarmé ne fut baudelairien que par filiation ; son originalité si précieuse s'affirma vite ; ses *Proses*, son *Après-midi d'un Faune*, ses *Sonnets* vinrent dire, à de trop loins intervalles, la merveilleuse subtilité de son génie patient, dédaigneux, impérieusement doux. Ayant tué volontairement en lui la spontanéité de l'être impressionnable, les dons de l'artiste remplacèrent peu à peu en lui les dons du poète ; il aima les mots pour leur sens possible plus que pour leur sens vrai et il les combina en des mosaïques d'une simplicité raffinée. On a bien dit de lui qu'il était un auteur difficile, comme Perse ou Martial. Oui, et pareil à l'homme d'Andersen qui tissait d'invisibles fils, M. Mallarmé assemble des gemmes colorées par son rêve et dont notre soin n'arrive pas toujours à deviner l'éclat. Mais il serait absurde de supposer qu'il est incompréhensible ; le jeu de citer tels vers, obscurs par leur isolement, n'est pas loyal, car, même fragmentée, la poésie de M. Mallarmé, quand elle est belle, le demeure incomparablement, et si en un livre rongé, plus tard, on ne trouvait que ces débris :

La chair est triste, hélas ! et j'ai lu tous les livres.
Fuir ! là-bas fuir ! Je sens que des oiseaux sont ivres
D'être parmi l'écume inconnue et les cieux...

Un automne jonché de taches de rousseur...
Et tu fis la blancheur sanglotante des lys...
Je t'apporte l'enfant d'une nuit d'Idumée...
Tout son col secouera cette blanche agonie...

il faudrait bien les attribuer à un poète qui fut artiste au degré absolu. Oh ! ce sonnet du cygne (dont le dernier vers cité est le neuvième) où tous les mots sont blancs comme de la neige !

Mais on a écrit tout le possible sur ce poète très aimé et providentiel. Je conclus par cette glose.

Récemment une question fut posée ainsi, à peu près :

« Qui, dans l'admiration des jeunes poètes, remplacera Verlaine, lequel avait remplacé Leconte de Lisle ? »

Peu des questionnés répondirent ; il y eut deux tiers d'abstentions motivées par la tournure saugrenue d'un tel ultimatum. Comment peut-il se faire, en effet, qu'un jeune poète admire « exclusivement et successivement » trois « maîtres » aussi divers que ces deux-là et M. Mallarmé, — incontestable élu ? Donc, par scrupule, beaucoup se turent, — mais je vote ici, disant : Aimant et admirant beaucoup Stéphane Mallarmé, je ne vois pas que la mort de Verlaine me soit une occasion décente d'aimer et d'admirer aujourd'hui plus haut qu'hier.

Pourtant, puisque c'est un devoir strict de toujours sacrifier le mort au vivant et de donner au vivant, par un surcroît de gloire, un surcroît d'énergie, le résultat de ce vote me plaît, — et nous aurions peut-être dû, nous qui nous sommes tus, parler. Si trop d'abstentions avaient faussé la vérité, quel dommage ! Car, informée par un papier circulaire, la Presse a trouvé en cette nouvelle un motif de plus à se rire et à nous plaindre, tant que, ballotté sur les flots d'encre de la mer des ténèbres intellectuelles, mais vainqueur des naufrageurs, le nom de Mallarmé, enfin écrit sur l'ironique élégance d'un côtre de course, vogue et maintenant nargue la vague et l'écume douce-amère de la blague.

ALBERT SAMAIN

ALBERT SAMAIN

Quand elles savent par cœur ce qu'il y a de pur dans Verlaine, les jeunes femmes d'aujourd'hui et de demain s'en vont rêver *Au Jardin de l'Infante*. Avec tout ce qu'il doit à l'auteur des *Fêtes Galantes* (il lui doit moins qu'on ne pourrait croire), Albert Samain est l'un des poètes les plus originaux et le plus charmant, et le plus délicat et le plus suave des poètes :

> En robe héliotrope, et sa pensée aux doigts,
> Le rêve passe, la ceinture dénouée,
> Frôlant les âmes de sa traîne de nuée,
> Au rythme éteint d'une musique d'autrefois...

Il faut lire tout ce petit poème qui commence ainsi :

Dans la lente douceur d'un soir des derniers jours...

C'est pur et beau, autant que n'importe quel poème de langue française, et l'art en a la simplicité des œuvres profondément senties et longuement pensées. Vers libres, poétique nouvelle ! Voici des vers qui nous font comprendre la vanité des prosodistes et la maladresse des trop habiles joueurs de cithare. Il y a là une âme.

La sincérité de M. Samain est admirable ; je crois qu'il aurait honte à des variations sur des sensations inexplorées par son expérience. Sincérité ne veut pas dire candeur, ici ; ni simplicité ne veut dire gaucherie. Il est sincère, non parce qu'il avoue toute sa pensée, mais parce qu'il pense tout son aveu ; et il est simple parce qu'il a étudié son art jusqu'en ses derniers secrets et que de ces secrets il se sert sans effort avec une inconsciente maîtrise :

Les roses du couchant s'effeuillent sur le fleuve ;
Et, dans l'émotion pâle du soir tombant,
S'évoque un parc d'automne où rêve sur un banc
Ma jeunesse déjà grave comme une veuve...

Cela, c'est, il semble, d'un Vigny attendri et consentant à l'humilité d'une mélancolie toute simple et déshabillée des grandes écharpes.

Il n'est pas seulement attendri ; il est tendre, et que de passion, et que de sensualité, mais si délicate !

> Tu marchais chaste dans la robe de ton âme,
> Que le désir suivait comme un faune dompté,
> Je respirais parmi le soir, ô pureté,
> Mon rêve enveloppé dans tes voiles de femme.

Sensualité délicate, c'est bien l'impression que donneraient ses vers s'il les avait tous conformés à sa poétique, où il rêve

> De vers blonds où le sens fluide se délie
> Comme sous l'eau la chevelure d'Ophélie,
>
> De vers silencieux, et sans rythme et sans trame,
> Où la rime sans bruit glisse comme une rame,
>
> De vers d'une ancienne étoffe exténuée,
> Impalpable comme le son et la nuée,
>
> De vers de soirs d'automne ensorcelant les heures
> Au rite féminin des syllabes mineures,
>
> De vers de soirs d'amours énervés de verveine,
> Où l'âme sente, exquise, une caresse à peine...

Mais, ce poète qui n'aimerait que la nuance, la nuance verlainienne, a pu, certains jours, être un violent coloriste ou un vigoureux tailleur de marbre. Cet autre Samain, plus ancien et non moins véritable, se révèle en les parties de son recueil appelées *Évocations*; c'est un Samain parnassien, mais toujours personnel, même dans la grandiloquence : les deux sonnets intitulés *Cléopâtre* sont d'une beauté non seulement de verbe, mais d'idées; ce n'est ni la pure musique, ni la pure plastique; le poème est entier et vivant; c'est un marbre étrange et déconcertant; oui, un marbre qui vit et dont la vie agite et féconde jusqu'aux sables du désert, autour du Sphynx pour un instant énamouré.

Tel est ce poète : délicieux puissamment en l'art de faire vibrer à son unisson toutes les cloches et toutes les âmes : toutes les âmes sont amoureuses de cette « infante en robe de parade ».

PIERRE QUILLARD

PIERRE QUILLARD

C'était aux temps déjà loin et peut-être héroïques du Théâtre d'Art; on nous convia à entendre et à voir *la Fille aux Mains coupées* : il m'en reste le souvenir du plus agréable des spectacles, du plus complet, du plus parfait, d'un spectacle qui donnait vraiment la sensation exquise et aiguë du définitif. Cela dura une heure à peine : il en demeure des vers qui forment un poème difficilement oubliable.

M. Pierre Quillard a réuni ses premières poésies sous un titre qui serait, pour plus d'un, présomptueux : *La Gloire du Verbe*. Oser cela, c'est être sûr de soi, c'est avoir la conscience d'une maîtrise, c'est affirmer, tout au moins, que, venant après Leconte de Lisle et après M. de Heredia, on ne faiblira pas en un métier qui demande avec la splendeur de l'imagination une singulière sûreté de main. Il ne nous mentait pas ; très habile sertisseur, il glorifie vraiment les multiples pierreries du verbe, il fait sourire l'orient des perles, et rire l'arc-en-ciel des diamants décomposés.

Capitan d'une galère chargée d'opulents esclaves, il navigue parmi les périls tentants des archipels de pourpre (comme on dit qu'à certaines heures apparaissent les îles grecques), et quand la nuit vient il cherche le fond de sable d'un golfe violet

> Dans la splendeur des clairs de lune violets.

Et il attend l'apparition du divin :

> Alors des profondeurs et des ténèbres saintes
> Comme un jeune soleil sort des gouffres marins,
> Blanche, laissant couler des épaules aux reins
> Ses cheveux où nageaient de pâles hyacinthes,
> Une femme surgit...

dont les yeux sont des abîmes de joie, d'amour et d'épouvante où l'on voit se réfléchir le monde entier des choses depuis l'herbe jusqu'à l'infini des mers; et elle parle : Poète qui promènes parmi la vie ton étonnement et tes désirs et tes amours, tu te présentes ému par les seules joies charnelles et tu souffres, car ces joies, tu ne les sens vraiment que vaines, mais

> Si tu n'étreins que des chimères, si tu bois
> L'enivrement de vins illusoires, qu'importe !
> Le soleil meurt, la foule imaginaire est morte
> Mais le monde subsiste en ta seule âme : vois !
> Les jours se sont fanés comme des roses brèves,
> Mais ton Verbe a créé le mirage où tu vis...

et ma beauté, c'est toi qui lui donnes sa forme et son geste; je suis ton œuvre; j'existe parce que tu me penses et parce que tu m'évoques.

Telle est l'idée maîtresse de cette *Gloire du Verbe*, l'un des rares poèmes de ce temps où l'idée et le mot marchent d'accord en harmonieux rythme.

Au lever du soleil la galère remit à la voile : Pierre Quillard partait pour des pays lointains.

C'est une âme païenne ou qui se voudrait païenne, car si ses yeux cherchent avidement la beauté sensible, son rêve s'attarde à vouloir forcer la porte derrière laquelle dort obscurément la beauté enclose dans les choses. Il est vraiment plus inquiet qu'il ne daigne le dire et le regard des captives le trouble de plus d'un frisson. Comme il sait toutes les théogonies et toutes les littératures,

J'ai connu tous les dieux du ciel et de la terre,

comme il a bu à toutes les sources, il connaît plus d'une manière de s'enivrer : dilettante d'espèce supérieure, quand il aura épuisé la joie des navigations, quand il aura choisi sa demeure (sans doute près d'une vieille fontaine sacrée), ayant beaucoup cueilli, ayant beaucoup semé de nobles graines, il se verra le maître d'un jardin royal et d'un peuple odorant de fleurs,

Fleurs éternelles, fleurs égales aux dieux !

A.-FERDINAND HEROLD

A.-FERDINAND HEROLD

Le danger du vers libre, c'est qu'il demeure amorphe, que son rythme, trop peu accentué, lui donne quelques-uns des caractères de la prose. Le plus beau vers reste bien, il me semble, le vers formé d'un nombre régulier de syllabes pleines ou accentuées et dans lequel la place des accents est évidente et non laissée au choix du lecteur ou du déclamateur ; il n'y a pas que les poètes qui lisent les poètes et il est imprudent de se confier au hasard des interprétations. On pense bien que je ne m'amuserai pas à citer tels vers qui me paraissent mauvais ; et surtout je n'irai pas les chercher dans les poèmes de M. Herold, pour qui la préférence serait imméritée. Non pas que M. Herold possède à un haut point le don du rythme, mais il le possède assez pour que sa poésie ait la grâce d'une chose vivante, doucement et languidement vivante. C'est un poète de douceur ; sa poésie est blonde avec, dans ses blonds cheveux vierges, des perles, et au cou et aux doigts des colliers et des bagues, élégantes et fines gemmes. Ce mot est le mot bien aimé du poète ; ses héroïnes sont fleuries de gemmes autant que ses jardins sont fleuris de lys.

La blonde, la blanche, la belle Dame des Lys,

il l'aima, mais que d'autres, que de reines et que de saintes ! Liseur de livres oubliés, il trouve là de précieuses légendes qu'il transpose en courts poèmes, souvent de la longueur d'un sonnet. Lui seul les connaît, ces reines, Marozie, Anfélize, Bazine, Paryze, Orable ou Aélis, et ces saintes, Nonita, Bertilla, Richardis, — Gemma ! Celle-ci est la première à laquelle il ait pensé ; il lui donne sur le vitrail la plus belle place, heureux d'écrire une fois de plus ce mot dont il subit le charme.

M. Herold est l'un des plus objectifs, parmi

les poètes nouveaux ; il ne se raconte guère lui-même ; il lui faut des thèmes étrangers à sa vie, et il en choisit même qui semblent étrangers à ses croyances : ses reines n'en sont pas moins belles, ni ses saintes moins pures. On trouvera ces panneaux et ces vitraux dans le recueil intitulé : *Chevaleries sentimentales*, la plus importante et la plus caractéristique de ses œuvres. C'est une lecture vraiment agréable et on passe de douces heures parmi ces femmes, ces lys, ces gemmes, ces roses d'automne.

> Les roses d'automne s'étiolent,
> Les roses qui fleurissaient les tombes ;
> Lentement s'effeuillent les corolles
> Et le sol froid est jonché de pétales qui tombent.

N'est-ce pas d'une mélancolie bien douce ? Et ceci :

> Il y a des maisons qui pleurent sur le port,
> Il y a des glas qui sonnent dans les clochers,
> Où tintent des cloches vagues :
> Vers quels fleuves de mort
> Les vierges ont-elles marché,
> Les vierges qui avaient aux doigts de blondes bagues ?

Ainsi, sans forcer son talent à une expression passionnée de la vie, œuvre à laquelle il serait sans doute malhabile, sans prétendre aux dons qu'il n'a pas, M. Herold s'est créé pour son plaisir et pour le nôtre une poésie de grâce et de pureté, de tendresse et de douceur.

Si l'on demandait tout au même poète, lequel répondrait? L'essentiel est d'avoir un jardin, d'y mettre la bêche et d'y semer des graines; les fleurs qui pousseront, œillets, violettes ou pivoines, auront leur prix et leur charme, selon l'heure ou selon la saison.

ADOLPHE RETTE

ADOLPHE RETTÉ

Par sa fécondité en poètes, la journée que nous vivons, et qui dure depuis dix ans déjà, n'est presque comparable à aucune des journées passées, même les plus riches de soleil et de fleurs. Il y eut des douces promenades matinales dans la rosée, sur les pas de Ronsard ; il y eut une belle après-midi, quand soupirait la viole lasse de Théophile, entendue d'entre les hautbois et les buccins ; il y eut la journée romantique orageuse, sombre et royale, troublée vers le soir par le cri d'une femme que Baudelaire étranglait ; il y eut le clair de lune parnassien, et se leva le soleil verlainien, — et nous en sommes là si l'on veut, en plein midi, au milieu d'une large campagne pourvue de tout ce qu'il faut pour faire des vers : herbes, fleurs, fleuves, ruisselets, bois, cavernes et des femmes jeunes et si fraîches qu'on dirait les pensées nouvellement écloses d'un cerveau ingénu.

La large campagne est toute pleine de poètes, qui s'en vont, non plus par troupes, comme au temps de Ronsard, mais seuls et l'air un peu farouche ; ils se saluent de loin par des gestes brefs. Tous n'ont pas de nom et plusieurs n'en auront jamais : comment les appellerons-nous ? Laissons qu'ils jouent, pendant que celui-ci nous accueillera et nous dira un peu de son rêve.

C'est Adolphe Retté.

On le reconnaît entre tous à son allure dévergondée et presque sauvage ; il brise les fleurs, s'il ne les cueille, et avec les roseaux il fait des radeaux qu'il jette au courant, vers le hasard, vers demain ; mais quand passent les jeunes femmes, il sourit et il s'alanguit. *Une belle dame passa...* et il dit :

> Dame des lys amoureux et pâmés,
> Dame des lys languissants et fanés,
>   Triste aux yeux de belladone —

> Dame d'un rêve de roses royales,
> Dame des sombres roses nuptiales,
>   Frêle comme une madone —
>
> Dame de ciel et de ravissement,
> Dame d'extase et de renoncement,
>   Chaste étoile très lointaine —
>
> Dame d'enfer, ton sourire farouche,
> Dame du diable, un baiser de ta bouche,
> C'est le feu des mauvaises fontaines
>   Et je brûle si je te touche.

La belle dame passa, mais sans s'émouvoir de l'imprécation finale, qu'elle attribua sans doute à un excès d'amour ; elle passa rendant au poète sourire pour sourire.

Cette idylle eut pour premier épilogue une admirable plainte,

> Mon âme, il me semble que vous êtes un jardin...

un jardin où l'on voit, laissés aux charmilles, dans la brume du soir, des lambeaux du voile

> De la Dame qui est passée.

Quelque temps après cette aventure, on apprit que M. Retté, revenu d'un voyage à l'*Archipel en fleurs*, s'était enrichi d'une nouvelle cueillaison de rêves. Il s'enrichira encore. Son talent est une greffe vivace entée sur un sauvageon fier et de belle viridité. Poète, M. Adolphe Retté n'a pas que le sens du rythme et l'amour du mot; il aime les idées et les aime neuves et même excessives ; il veut se libérer de tous les vieux préjugés et il voudrait pareillement libérer ses frères en esclavage social. Ses derniers livres *la Forêt bruissante* et *Similitudes* affirment cette tendance. L'un est un poème lyrique ; l'autre, un poème dramatique en prose, très simple, très curieux et très extraordinaire par le mélange qu'on y voit des rêves doux d'un poète tendre et des imaginations un peu rigides et un peu naïves de l'utopie anarchiste. Mais sans naïveté, c'est-à-dire sans fraîcheur d'âme, y aurait-il des poètes ?

VILLIERS DE L'ISLE-ADAM

VILLIERS DE L'ISLE-ADAM

On s'est plu, témoignage maladroit d'une admiration pieusement troublée, à dire et même à baser sur ce dit une paradoxale étude : « Villiers de l'Isle-Adam ne fut ni de son pays, ni de son temps. » Cela paraît énorme, car enfin un homme supérieur, un grand écrivain est fatalement, par son génie même, une des synthèses de sa race et de son époque, le représentant d'une humanité momentanée ou fragmentaire, le cerveau et la bouche de toute une tribu et non un fugace monstre. Comme Châteaubriand, son frère de race et de gloire, Villiers fut l'homme du moment, d'un moment solennel ; tous deux, avec des vues et sous des apparences diverses, recréèrent pour un temps l'âme de l'élite : de l'un naquit le catholicisme romantique et ce respect des traditionnelles vieilles pierres ; et de l'autre, le rêve idéaliste et ce culte de l'antique beauté intérieure ; mais l'un fut encore l'orgueilleux aïeul de notre farouche individualisme ; et l'autre encore nous enseigna que la vie d'autour de nous est la seule glaise à manier. Villiers fut de son temps au point que tous ses chefs-d'œuvre sont des rêves solidement basés sur la science et sur la métaphysique modernes, comme *l'Ève future*, comme *Tribulat Bonhomet*, cette énorme, admirable et tragique bouffonnerie, où vinrent converger, pour en faire la création peut-être la plus originale du siècle, tous les dons du rêveur, de l'ironiste et du philosophe.

Ce point élucidé, on avouera que Villiers, être d'une effroyable complexité, se prête naturellement à des interprétations contradictoires ; il fut tout ; nouveau Gœthe, mais, si moins conscient, si moins parfait, plus acéré, plus tortueux, plus mystérieux, et plus humain, et plus familier. Il est toujours parmi nous et il est en nous, par son œuvre et par l'influence de son œuvre, que subissent et avec joie les meilleurs d'entre les écrivains et les artistes de l'heure actuelle : c'est qu'il a rouvert les portes de l'au-delà closes avec quel fracas, on s'en souvint, et par ces portes toute une génération s'est ruée vers l'infini. La hiérarchie ecclésiastique nombre parmi ses clercs, à côté des exorcistes, les portiers, ceux qui doivent ouvrir les portes du sanctuaire à toutes les bonnes volontés ; Villiers cumula pour nous ces deux fonctions : il fut l'exorciste du réel et le portier de l'idéal.

Complexe, mais on peut le voir un double esprit. Il y avait en lui deux écrivains essentiellement dissemblables : le romantique et l'ironiste. Le romantique naquit le premier et mourut le dernier : *Elën* et *Morgane* ; *Akédysséril* et *Axël*. Le Villiers ironiste, l'auteur des *Contes cruels* et de *Tribulat Bonhomet* est intermédiaire entre les deux phases romantiques ; *l'Ève future* représenterait comme un mélange de ces deux tendances si diverses, car ce livre d'une écrasante ironie est aussi un livre d'amour.

Villiers se réalisa donc à la fois par le rêve et par l'ironie, ironisant son rêve, quand la vie le dégoûtait même du rêve. Nul ne fut plus subjectif. Ses personnages sont créés avec des parcelles de son âme, élevées, ainsi que selon un mystère, à l'état d'âmes authentiques et totales. Si c'est un dialogue, il fera proférer à tel personnage des philosophies bien au-dessus de sa normale intelligence des choses. Dans *Axël*, l'abbesse parlera de l'enfer comme Villiers aurait pu parler de l'hégélianisme, dont vers la fin il enseignait les déceptions, après en avoir accepté, d'abord, les larges certitudes : « C'en est fait ! L'enfant éprouve déjà le ravissement et les enivrances de l'Enfer. » Il les éprouva : il aimait, en baudelairien, le blasphème, pour ses occultes effets, le risque immense d'un plaisir qui se prend aux dépens de Dieu même. Le sacrilège est en actes ; le blasphème en mots. Il croyait davantage aux mots qu'aux réalités, qui ne sont, d'ailleurs, que l'ombre tangible des mots, car il est bien évident, et par un très simple syllogisme, que, s'il n'y a pas de pensée en absence de verbe, il n'y a pas, non plus, de matière en absence de pensée. La puissance des mots, il l'admettait jusqu'à la superstition. Les seules corrections visibles du second au premier texte d'*Axël*, par exemple, consistent en l'adjonction de mots d'une spéciale désinence, tels que, afin d'évoquer un milieu ecclésiastique et conventuel : *proditoire, prémonitoire, satisfactoire* ; et : *fruition, collaudation*, etc. Ce même sens de mystiques pouvoirs de l'articulation syllabique l'incite vers des recherches de dénominations aussi étranges que : *le Desservant de l'office des Morts*, fonction d'église qui n'exista jamais, sinon au monastère de Sainte-Appollodora ; ou, *l'Homme-qui-marche-sous-terre*, nom que nul Indien ne porta hors des scènes du *Nouveau-Monde*.

Le *réel*, il l'a, en un très ancien brouillon de page afférant à *l'Ève future*, peut-être, ainsi défini :

« ... Maintenant je dis que le Réel a ses degrés d'être. Une chose est d'autant plus ou moins réelle pour nous qu'elle nous intéresse plus ou moins, puisqu'une chose qui ne nous intéresserait en rien serait pour nous comme si elle n'était pas, — c'est-à-dire, beaucoup moins, quoique physique, qu'une chose irréelle qui nous intéresserait.

« Donc, le Réel, pour nous, est seulement ce qui nous touche, soit les sens, soit l'esprit ; et selon le degré d'intensité dont cet unique *réel*, que nous puissions apprécier et nommer tel, nous impressionne, nous classons dans notre esprit le degré d'être plus ou moins riche en contenu qu'il nous semble atteindre, et que, par conséquent, il est légitime de dire qu'il *réalise*.

« Le seul contrôle que nous ayons de la *réalité*, c'est l'*idée*. »

Encore :

« ... Et sur le sommet d'un pin éloigné, isolé au milieu d'une clairière lointaine, j'entendis le rossignol, — unique voix de ce silence...

Les sites « poétiques » me laissent presque toujours assez froid, — attendu que, pour tout homme sérieux, le milieu le plus suggestif d'idées réellement « poétiques » n'est autre que quatre murs, une table et de la paix. Ceux-là qui ne portent pas en eux l'âme de tout ce que le monde peut leur montrer, auront beau le regarder : ils ne le reconnaîtront pas, toute chose n'étant belle que selon la pensée de celui qui la regarde et la réfléchit en lui-même. En « poésie » comme en religion, il faut la foi, et la foi n'a pas besoin de voir avec les yeux du corps pour contempler ce qu'elle reconnaît bien mieux en elle-même... »

De telles idées furent maintes fois, sous de multiples formes toujours nouvelles, toujours rares, exprimées par Villiers de l'Isle-Adam dans son œuvre. Sans aller jusqu'aux négations pures de Berkeley, qui ne sont pourtant que l'extrême logique de l'idéalisme subjectif, il recevait, dans sa conception de la vie, sur le même plan, l'Intérieur et l'Extérieur, l'Esprit et la Matière, avec une très visible tendance à donner au premier terme la domination sur le second. Jamais la notion de *progrès* ne fut pour lui autre chose qu'un thème à railleries, concurremment avec la niaiserie des positivistes humanitaires qui enseignent aux générations, mythologie à rebours, que le Paradis terrestre, superstition si on lui assigne le passé, devient, si on le place dans l'avenir, le seul légitime espoir.

Au contraire, il fait dire à un protagoniste (sans doute Edison), dans un court fragment d'un ancien manuscrit de *l'Ève future :*

« Nous en sommes à l'âge mûr de l'Humanité, voilà tout. A bientôt la sénilité de cet étrange polype, sa décrépitude, et, l'évolution accomplie, son retour mortel au mystérieux laboratoire où tous les *Apparaîtres* s'élaborent éternellement grâce à... *quelque indiscutable Nécessité...* »

Et en ce dernier mot Villiers raille jusqu'à sa croyance en Dieu. Était-il chrétien ? Il le devint à la fin de sa vie : ainsi il connut toutes les formes de l'ivresse intellectuelle.

LAURENT TAILHADE

6.

LAURENT TAILHADE

L'individualisme, qui nous donne en littérature de si agréables corbeilles de fleurs nouvelles, se trouve assez souvent stérilisé par la poussée des mauvaises herbes de l'orgueil. On voit des jeunes gens, tout enflés d'une infatuation monstrueuse, avouer la volonté de faire non seulement leur œuvre, mais en même temps l'Œuvre, de produire la fleur unique après quoi l'intelligence épuisée devra s'arrêter d'être féconde et se recueillir dans le lent et obscur travail de la reconstitution des sèves. Il y a même à Paris deux ou trois « machines à gloire » qui s'arrogèrent le droit de prononcer seules ce mot qu'elles exilaient du dictionnaire. Mais cela est peu important, car l'esprit souffle où il veut, et, quand il souffle sous la peau des grenouilles et les rend démesurées, c'est pour se distraire, car le monde est triste.

M. Tailhade n'a aucune des tares grotesques de l'orgueil : nul ne fait plus simplement un métier plus simple, celui de littérateur. Les Romains disaient rhéteur et cela signifiait celui qui parle, celui qui dompte le verbe, celui qui assujettit les mots au joug de la pensée et qui sait les manier, les exciter, les aiguillonner jusqu'à leur imposer, à l'heure même de sa fantaisie, les travaux les plus rudes, les plus dangereux, les plus inédits. Latin de race et de goûts, M. Tailhade a droit à ce beau nom de rhéteur dont se choque l'incapacité des cuistres; c'est un rhéteur à la Pétrone, également maître dans la prose et dans les vers.

Voici, tiré du rare *Douzain de Sonnets*, l'un d'eux :

HÉLÈNE (*Le laboratoire de Faust à Wittemberg*)

Des âges évolus j'ai remonté le fleuve
Et, le cœur enivré de sublimes desseins,
Déserté le Hadès et les ombrages saints,
Où l'âme d'une paix ineffable s'abreuve.

Le Temps n'a pu fléchir la courbe de mes seins.
Je suis toujours debout et forte dans l'épreuve,
Moi, l'éternelle vierge et l'éternelle veuve,
Gloire d'Hellas, parmi la guerre aux noirs tocsins.

O Faust, je viens à toi, quittant le sein des Mères !
Pour toi, j'abandonnai, sur l'aile des chimères,
L'ombre pâle où les Dieux gisent, ensevelis.

J'apporte à ton amour, du fond des cieux antiques,
Ma gorge dont le Temps n'a pas vaincu les lys
Et ma voix assouplie aux rythmes prophétiques.

Ayant écrit cela et *Vitraux*, poèmes qu'un mysticisme dédaigneux pimentait singulièrement, et cette *Terre latine*, prose d'une si émouvante beauté, pages parfaites et uniques, d'une pureté de style presque douloureuse, M. Tailhade se rendit tout à coup célèbre et redouté par les cruelles et excessives satires qu'il appela, souvenir et témoin d'un voyage que nous faisons tous sans fruit, *Au pays du Mufle.* L'ignominie du siècle exaspère le Latin épris de soleil et de parfums, de belles phrases et de beaux gestes et pour qui l'argent est de la joie qu'on jette, comme des fleurs, sous les pas des femmes, et non de la productive graine qu'on enterre pour qu'elle germe. Il s'y montre le bourreau hautain des hypocrisies et des avarices, des fausses gloires et des vraies turpitudes, de l'argent et du succès, du parvenu de la Bourse et du parvenu du feuilleton. Dur et même injuste, il fouaille ses propres haines ; pour lui, comme pour tous les satiristes, l'ennemi particulier devient l'ennemi public, mais quelle belle langue à la fois traditionnelle et neuve, et quelle belle insolence :

Ce que j'écris n'est pas pour ces charognes !

Les ballades de M. Tailhade ne sont pas davantage destinées à faire rêver les belles madames qui s'éventent avec des plumes de paon; il est difficile d'en citer même une pleine strophe. Celle-ci n'est pas fort méchante :

> Bourget, Maupassant et Loti
> Se trouvent dans toutes les gares.
> On les offre avec le rôti,
> Bourget, Maupassant et Loti.
> De ces auteurs soyez loti
> En même temps que de cigares :
> Bourget, Maupassant et Loti
> Se trouvent dans toutes les gares.

Ce n'est guère qu'amusant. Le *Quatorzain d'Été* peut se dire en entier et même il est bon de le savoir par cœur, car c'est une merveille de subtilité et un petit tableau de genre à soigner et à conserver. L'épigraphe, ce vers de Rimbaud, dans les *Premières Communions*,

> Elle fait la victime et la petite épouse,

donne le ton du cadre :

> Certes, monsieur Benoist approuve les gens qui
> Ont lu Voltaire et sont aux Jésuites adverses.
> Il pense. Il est idoine aux longues controverses,
> Il adsperne le moine et le thériaki.
>
> Même il fut orateur d'une loge écossaise.
> Toutefois — car sa légitime croit en Dieu —
> La petite Benoist, voiles blancs, ruban bleu,
> Communia. Ça fait qu'on boit maint litre à seize.
>
> Chez le bistro, parmi les bancs empouacrés,
> Le billard somnolent et les garçons vautrés,
> Rougit la pucelette aux gants de filoselle.
>
> Or, Benoist qui s'émèche et tourne au calotin,
> Montre quelque plaisir d'avoir vu, ce matin,
> L'hymen du Fils unique et de sa demoiselle.

Ainsi, avec bien moins d'esprit, Sidoine Apollinaire raillait les Barbares parmi lesquels la dureté des temps le forçait de vivre et, comme l'évêque de Clermont, ce n'est pas en vain que Laurent Tailhade les raille et les gouaille, car ses épigrammes dépasseront l'aire du temps actuel : en attendant, je le tiens pour une des plus authentiques gloires des présentes lettres françaises.

JULES RENARD

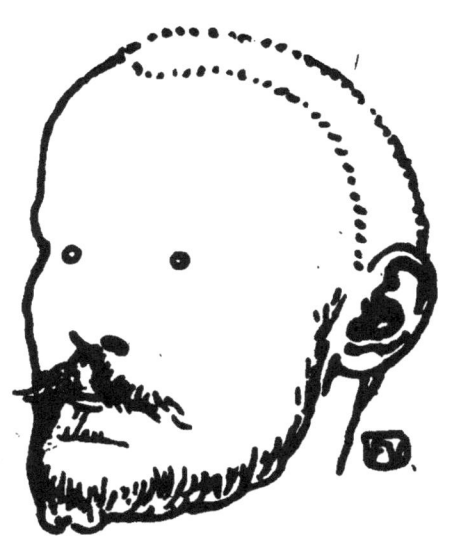

JULES RENARD

Un homme se lève de bon matin et s'en va par les chemins creux et par les sentiers ; il n'a peur ni de la rosée, ni des ronces, ni de la colère des branches qui font la haie. Il regarde, il écoute, il flaire, il chasse l'oiseau, le vent, la fleur, l'image. Sans hâte, mais anxieux pourtant, car elle a l'oreille fine, il cherche la nature qu'il veut surprendre au gîte ; il la trouve, elle est là : alors, les ramilles écartées doucement, il la contemple dans l'ombre bleue de sa retraite et, sans l'avoir réveillée, refermant les rideaux, il rentre chez lui. Avant de s'endormir, il compte ses images : « dociles elles renaissent au gré du souvenir. »

M. Jules Renard s'est donné lui-même ce nom : le chasseur d'images. C'est un chasseur singulièrement heureux et privilégié, car, seul, entre tous ses confrères, il ne rapporte, bêtes et bestioles, que d'inédites proies. Il dédaigne tout le connu, ou l'ignore ; sa collection n'est que de pièces rares et même uniques, mais qu'il n'a pas le souci de mettre sous clef, car elles lui appartiennent tellement qu'un larron les déroberait vainement. Une personnalité aussi aiguë, aussi accusée, a quelque chose de déconcertant, d'irritant et, selon quelques jaloux, d'excessif. « Faites donc comme nous, puisez dans le trésor commun des vieilles métaphores accumulées ; on va vite, c'est très commode. » Mais M. Jules Renard ne tient pas à aller vite. Quoique fort laborieux, il produit peu, et surtout peu à la fois, semblable à ces patients burineurs qui taillent l'acier avec une lenteur géologique.

Étudiant un écrivain, on aime (c'est une manie que Sainte-Beuve nous légua) à connaître sa famille spirituelle, à dénombrer ses ancêtres, à établir de savantes filiations, à noter, tout au moins, des souvenirs de longues lectures, des traces d'influence et le signe de la main mise un instant sur l'épaule. Pour qui a beaucoup voyagé parmi les livres et les idées, ce travail est assez simple et souvent facile au point qu'il vaut mieux s'en abstenir, ne pas contrister l'adroite ordonnance des originalités acquises. Avec M. Renard, je n'ai pas eu ce scrupule, j'ai voulu lui dessiner un beau feuillet de *studbook*, mais le singulier animal s'est présenté seul et les feuillages n'accrochent, parmi les arabesques, que des médaillons vides.

S'être engendré tout seul, ne devoir son esprit qu'à soi-même, écrire (puisqu'il s'agit d'écritures) avec la certitude de réaliser du vrai vin nouveau, de saveur inattendue, originale et inimitable, voilà qui doit être, pour l'auteur de *l'Écornifleur*, un juste motif de joie et une raison très forte d'être, moins que tout autre, inquiet de sa réputation posthume. Déjà, son Poil-de-Carotte, ce type si curieux de l'enfant intelligent, sournois et fataliste, est entré dans les mémoires et jusque dans les locutions. Le « Poil-de-Carotte, tu fermeras les poules tous les soirs » est égal en vérité burlesque aux mots les plus fameux des comédies célèbres, et il en est à la fois le Cyrano et le Molière, et cette galère ne lui sera pas volée.

L'originalité bien constatée, les autres mérites de M. Jules Renard sont la netteté, la précision, la verdeur; ses tableaux de vie, parisienne ou champêtre, ont l'aspect de pointes sèches, parfois un peu décharnées, mais bien circonscrites, bien claires et vives. Certains morceaux, plus estompés et plus amples, sont des merveilles d'art ; ainsi *Une Famille d'Arbres*.

« C'est après avoir traversé une plaine brûlée du soleil que je les rencontre.

« Ils ne demeurent pas au bord de la route, à cause du bruit. Ils habitent les champs incultes, sur une source comme des oiseaux seuls.

« De loin ils semblent impénétrables. Dès que j'approche, leurs troncs se desserrent. Ils m'accueillent avec prudence. Je peux me reposer, me rafraîchir, mais je devine qu'ils m'observent et se défient.

« Ils vivent en famille, les plus âgés au milieu, et les petits, ceux dont les premières feuilles viennent de naître, un peu partout, sans jamais s'écarter.

« Ils mettent longtemps à mourir, et ils gardent les morts debout jusqu'à la chute en poussière.

« Ils se flattent de leurs longues branches pour s'assurer qu'ils sont tous là, comme les aveugles. Ils gesticulent de colère, si le vent s'essouffle à les déraciner. Mais entre eux aucune dispute. Ils ne murmurent que d'accord.

« Je sens qu'ils doivent être ma vraie famille. J'oublierai vite l'autre. Ces arbres m'adopteront peu à peu, et pour le mériter, j'apprends ce qu'il faut savoir :

« Je sais déjà regarder les nuages qui passent.

« Je sais aussi rester en place.

« Et je sais presque me taire. »

Quand les anthologies accueilleront cette page, elles n'en auront guère d'une ironie aussi fine et d'une poésie aussi vraie.

LOUIS DUMUR

LOUIS DUMUR

Représenter la logique parmi une assemblée de poètes, est un rôle difficile et qui a ses inconvénients. On risque d'être pris trop au sérieux et, par suite, de se sentir porté à maintenir sa littérature dans les tons graves. La gravité n'est pas nécessaire à l'expression de ce que l'on croit être la vérité ; l'ironie pimente agréablement la tisane morale ; il faut du poivre dans cette camomille ; affirmer avec dédain est un moyen assez sûr de n'être pas dupe, même de ses propres affirmations. Cela est très utilisable en littérature, car tout y est incertain et l'art lui-même n'est sans doute qu'un jeu où, philosophiquement, nous nous trompons les uns les autres. C'est pourquoi il est bon de sourire.

M. Dumur sourit rarement. Mais si maintenant, ayant conquis, rien qu'en vivant, plus d'indulgence et quelques droits à la véritable amertume, s'il voulait sourire pour se défendre et se distraire, il semble que toute l'assemblée des poètes protesterait, étonnée et peut-être scandalisée. Alors il demeure grave, par habitude et par la logique.

Il est la Logique même. Il sait observer, combiner, déduire ; ses romans, ses drames, ses poèmes sont des constructions solides dont l'architecture pondérée plaît par la savante symétrie des courbes, toutes dirigées vers un dôme central où l'œil est sévèrement ramené. Il est assez fort et assez volontaire pour, épris d'une erreur, ne l'abandonner qu'après l'avoir acculée à ses conséquences les plus extrêmes, et assez maître de lui-même pour ne pas avouer son erreur et même la défendre avec toutes les ingéniosités du raisonnement. Tel son système de vers français basés sur l'accent tonique ; il est vrai que le résultat, souvent manqué, car les langues ont, elles aussi, une logique assez impérieuse, était parfois heureux et inattendu avec des « hexamètres » comme celui-ci.

L'orgueilleuse paresse des nuits, des parfums et des
[seins.

C'est vers le théâtre que M. Dumur semble avoir orienté définitivement son activité intellectuelle. Ses pièces (je ne parle pas de *Rembrandt*, drame purement historique, de grand style et de vaste déploiement) : d'abord, les pages coupées, on est surpris par un décor rentoilé et des noms repeints et un jour de réalisme conventionnel, une ordonnance de choses et d'êtres usés sous l'habit neuf et le vernis frais, — mais dès la troisième ligne lue, l'auteur affirme qu'en ce triste paysage scénique il fera entendre des paroles valables et qu'un souffle progressif jusqu'à la tempête renversera la plantation.

Le paravent rentoilé est voulu tel que, sa banalité peu à peu détruite, êtres et choses déshabillés par un caprice de la foudre, il ne reste debout qu'une idée nue ou voilée de sa seule obscurité essentielle.

Donc ce vieux-neuf décor est là comme le plus simple, le plus sous la main, et celui où l'imagination neutre d'une foule spectatrice pourra, avec le moindre effort, situer un combat mental dont les armes sont des accessoires de théâtre.

Un homme s'en va par le monde portant avec soi un coffre plein de terre natale et libre ; il porte son amour ; mais un jour il est écrasé par son amour. A l'heure de cette chute, un autre homme comprend : il éloigne de lui la femme qui va lui briser les bras. Aimer, c'est se charger d'un impérieux fardeau au moment même où, cessant d'être libre, on cesse d'être fort. *La Motte de terre* explique cela avec lucidité et avec force, travail d'un écrivain tout à fait maître de ses dons naturels et qui les manie avec aisance et cet air de domination qui dompte facilement les idées. Il arrive qu'une œuvre soit, et soit supérieure à l'homme et à son intelligence même, mais de peu ; si peu et mensonge innocent, c'est un spectacle humiliant et qui incite au mépris plus que l'aveu écrit de la médiocrité la plus hideuse et la plus adéquate au cerveau qui l'enfanta : l'homme de valeur est toujours supérieur à son œuvre, car son désir est trop vaste pour qu'il le remplisse jamais, et son amour trop miraculeux pour qu'il le rencontre jamais.

La Nébuleuse, que l'on vient de jouer, est un poème d'une belle et profonde perspective, où se voient symbolisées, par des êtres ingénus, les générations successives des hommes qui se suivent sans se comprendre, presque sans se voir, tant leurs âmes sont différentes, et toutes toujours résumées, vers le moment de leur déclin, par l'enfant, par l'avenir, par la « nébuleuse » dont la naissance enfin avérée va faire mourir, sous sa clarté matinale, les sourires fanés des vieilles étoiles. Et l'on pressent, la vision close, que ce demain, qui va devenir aujourd'hui, sera tout pareil à ses frères défunts, et qu'en somme il n'y a rien d'ajouté au spectacle dont s'amusent les défuntes années penchées

Sur les balcons du Ciel en robes surannées.

Mais ce rien ne laisse pas d'avoir quelque importance pour les atomes humains qui le forment et qui le déterminent ; il est le délicieux nouveau que nous respirons et dont nous vivons. Du nouveau ! Du nouveau ! Et que chaque intelligence affirme, même passagère, sa volonté d'être, et d'être dissemblable des mani-

-festations antérieures ou ambiantes, et que chaque nébuleuse aspire au rôle d'un astre dont la lueur soit distincte et claire entre les autres lueurs !

J'ai lu tout cela dans le texte et dans les silences du dialogue, car lorsque, ce qui arrive, une œuvre d'art est le développement d'une idée, les interlignes mêmes répondent à ceux qui savent les interroger.

M. Dumur est en train de créer un théâtre philosophique, un théâtre à idées, et, parallèlement, de renouveler le roman à thèses, car *Pauline ou la Liberté de l'Amour* est une œuvre sérieuse, ordonnée avec talent, originalement pensée, et qui implique une rare valeur intellectuelle.

GEORGES EEKHOUD

GEORGES EEKHOUD

Il y a peu de dramaturges parmi les nouveaux venus, j'entends d'observateurs fervents du drame humain, doués de cette large sympathie qui engage un écrivain à fraterniser avec tous les modes et toutes les formes de la vie. Aux uns les mouvements du vulgaire semblent négligeables, peut-être parce qu'ils manquent de cet esprit de généralisation philosophique qui élève à la hauteur d'une tragédie l'aventure la plus humble. D'autres ont et avouent la tendance à tout simplifier, n'observent et ne comparent les faits que pour en extraire des résumés et des quintessences ; ils ont scrupule et comme pudeur à raconter des mécanismes si souvent décrits : ils établissent des portraits d'âmes, ne gardant de l'anatomie physique que la seule matérialité nécessaire à soutenir le jeu des couleurs. Un tel art, outre qu'il a l'inconvénient de répugner au peuple des lecteurs (qui veut qu'on lui conte des histoires et qui alors les demande au premier venu), est le signe d'une évidente et trop dédaigneuse absence de passion : or le dramaturge est un passionné, un amoureux fou de la vie, et de la vie présente, non des choses d'hier, des représentations mortes dont on retrouve les décors fanés dans les cercueils de plomb, mais des êtres d'aujourd'hui avec toutes leurs beautés et leurs laideurs animales, leurs âmes obscures, leur vrai sang qui va jaillir d'un cœur et pas d'une vessie gonflée, si on les poignarde au cinquième acte.

M. Georges Eekhoud est un dramaturge, un passionné, un buveur de vie et de sang.

Ses sympathies sont multiples et très diverses ; il aime tout. « Nourrissez-vous de tout ce qui a vie. » Obéissant à la parole biblique, il se fortifie à tous les repas que le monde lui offre ; il s'assimile la tendre ou la dure sauvagerie des paysans ou des marins avec autant de certitude que la psychologie la plus déliée et la plus hypocrite des créatures ivres de civilisation, l'inquiétante infamie des amours excentriques et la noblesse des passions dévouées, le jeu brutal des lourdes mœurs populaires et la perversion délicate de certaines âmes adolescentes. Il ne fait aucun choix, mais il comprend tout, parce qu'il aime tout.

Cependant, soit volontairement, soit cloué au sol natal par les nécessités sociales, il a limité le champ de ses chasses fantastiques aux limites mêmes des vieilles Flandres. Cela convenait à son génie, qui est flamand, merveilleusement, excessif en ses extases sentimentales comme en ses débauches vitales, Philippe de Champaigne ou Jordaens, allongeant des faces maigres dramatisées par les yeux de l'idée fixe ou déployant tout le rouge débordement des chairs joyeuses. M. Eekhoud est donc un écrivain représentatif d'une race, ou d'un moment de cette race : cela est important pour assurer à une œuvre la durée et une place dans les histoires littéraires.

Cycle patibulaire, qui, réimprimé, vient d'être rendu au public, *Mes communions*, parues l'an passé, semblent les deux livres de M. Eekhoud où ce passionné crie le plus hautement et le plus clairement ses charités, ses colères, ses pitiés, ses mépris et ses amours, lui-même troisième tome de cette merveilleuse trilogie dont les deux premiers ont pour titre, Maeterlinck, Verhaeren.

Jouant un peu sur le mot, je l'ai appelé « dramaturge », au mépris des étymologies et de l'usage, quoiqu'il n'ait jamais écrit pour le théâtre; mais à la façon dont ses récits sont machinés et comme équilibrés à miracle sur le revirement, sur le retour à leur vraie nature des caractères d'abord affolés par la passion, on devine un génie essentiellement dramatique.

Il a le génie des revirements. Un caractère, puis la vie pèse et le caractère fléchit; une nouvelle pesée le redresse et le dresse selon sa vérité originelle : c'est l'essence même du drame psychologique, et si le décor participe aux modifications humaines, l'œuvre prend un air d'achèvement, de plénitude, donne une impression d'art inattendu par la logique acceptée des simplicités naturelles. Cela pourrait être un système de composition (pas encore mauvais), mais non pas ici : les chuchotements de l'instinct sont écoutés et accueillis ; la nécessité de la catastrophe s'impose à cet esprit lucide (qui n'a point troublé son miroir en soufflant dessus) et il relate clairement les conséquences des mouvements sismiques de l'âme humaine. Il y a de bons exemples de cet art dans les nouvelles de Balzac : *El Verdugo* n'est qu'une suite de revirements, mais trop sommaires : *le Coq Rouge* de M. Eekhoud, aussi dramatique, est d'une analyse bien plus profonde et, enfin, s'ouvre largement comme un beau paysage transformé sans effort par le jeu des nuées et les vagues lumineuses.

Pareillement belle, quoique d'une beauté cruelle, la tragique histoire appelée simplement *Une mauvaise rencontre* où l'on voit la transfiguration héroïque de l'âme pitoyable d'un frêle rôdeur dompté par la puissance d'un geste d'amour et, sous le magnétisme impérieux du verbe, fleuri martyr, jet de sang pur jaillissant en miracle des veines putréfiées de la charogne sociale. Plus tard Mauxgavres jouit et meurt de l'épouvante d'avoir vu ses paroles se réaliser jusqu'à leurs convulsions suprêmes et la cravate rouge du prédestiné devenue le garrot d'acier qui coupe en deux les cous blancs.

Il y a dans un roman de Balzac (1) un rapide épisode, et confus, qui rappellerait cette tragédie aux généalogistes des idées. Par haine de l'humanité, M. de Grandville donne un billet de mille francs à un chiffonnier afin d'en faire un ivrogne, un paresseux, un voleur ; quand il rentre chez lui, il apprend que son fils naturel vient d'être arrêté pour vol : ce n'est que romanesque. Cette même anecdote, moins la conclusion, se retrouve dans *A Rebours* où des Esseintes agit, mais sur un jeune voyou, à peu près comme M. de Grandville et pour un motif de scepticisme haineux. Voilà un possible arbre de Jessé, mais que je déclare inauthentique, car la perversité tragique de M. Eekhoud, chimère ou effraie, est un monstre original et sincère.

Si la sincérité est un mérite, ce n'est pas sans doute un mérite littéraire absolu ; l'art s'accommode fort bien du mensonge et nul n'est tenu de confesser ni ses « communions », ni ses répulsions ; mais j'entends ici par sincérité cette

---

(1) *La Femme vertueuse*, Paris, 1835. — Ce titre a disparu dans la *Comédie Humaine*. Balzac modifiait souvent ses titres à chaque nouvelle édition.

sorte de désintéressement artistique qui fait que l'écrivain, n'ayant peur ni de terrifier le cerveau moyen ni de contrister tels amis ou tels maîtres, déshabille sa pensée selon la calme impudeur de l'innocence extrême du vice parfait, — ou de la passion. Les « communions » de M. Eekhoud sont passionnées ; il s'attable avec ferveur et, s'étant nourri de charité, de colère, de pitié, de mépris, ayant goûté à tous les élixirs d'amour fabriqués pieusement par sa haine, il se lève, ivre, mais non repu, des joies futures.

PAUL ADAM

PAUL ADAM

L'auteur du *Mystère des Foules* fait invinciblement songer à Balzac ; il en a la puissance et aussi la force dispersive. Comme Balzac, mais en bien moindre quantité, il écrivit, très jeune, d'exécrables tomes, où nul n'aurait pu prévoir le génie futur d'une intelligence vraiment cyclique ; *La Force du mal* n'est pas plus en germe dans *le Thé chez Miranda* que *le Père Goriot* dans *Jane la Pâle* ou *le Vicaire des Ardennes*. M. Paul Adam est pourtant un précoce, mais il y a des limites à la précocité, surtout chez un écrivain destiné à raconter la vie telle qu'il la voit et telle qu'il la sent. Il faut que l'éducation des sens ait eu le temps de se parachever et que l'expérience ait fortifié l'esprit dans l'art des comparaisons et du choix, de l'association et de la dissociation des idées. Un romancier encore a besoin d'une large érudition et de toutes sortes de notions que l'on n'acquiert solides que lentement, par hasard, par le bon vouloir des choses et la complaisance des événements.

Aujourd'hui, M. Paul Adam est dans tout son rayonnement et à la veille même de la gloire. Chacun de ses gestes, chacun de ses pas le rapproche de la bombarde prête à éclater, et s'il résiste au tremblement du coup de tonnerre, il sera roi et maître. Par cette bombarde, j'entends non la grande foule, mais ce large public, déjà trié une fois, qui, insensible à l'art pur, exige néanmoins que ses émotions romanesques lui soient servies enrobées dans de la vraie littérature, originale, fortement parfumée, de pâte longue savamment pétrie, et de forme assez nouvelle pour surprendre et séduire. Ce fut le public de Balzac ; c'est le public que M. Paul Adam semble en train de reconquérir.

Le roman de mœurs (je laisse en dehors trois

ou quatre maîtres que je n'ai pas à juger ici) est tombé plus bas que jamais depuis un siècle et demi qu'il fut importé d'Angleterre. Négligeant l'observation et le style, dépourvus d'imagination, de fantaisie et surtout d'idées, tant générales que particulières, les façonniers qui assument le métier de narrer des histoires ont déconsidéré la fiction au point qu'un homme intelligent, soucieux de loisirs dignes de son intelligence, n'ose plus ouvrir un de ces tomes et que les quais eux-mêmes se révoltent et s'endiguent contre le flot jaune. M. Paul Adam a certainement souffert de cette crise de mépris : des lettrés mal informés ont cru longtemps que ses romans étaient pareils à tous les autres. Ils en sont très différents.

D'abord par le style : M. Paul Adam use d'une langue vigoureuse, serrée, pleine d'images, neuve jusqu'à inaugurer des formes syntaxiques. Par l'observation : son regard aigu pénètre comme un dard de guêpe dans les choses et dans les âmes ; il lit, comme la photographie nouvelle, à travers les chairs et à travers les coffrets. Par l'imagination qui lui permet d'évoquer et de faire vivre les êtres les plus divers, les plus caractéristiques, les plus personnels, il a, comme Balzac, le génie de donner à ses personnages non seulement la vie, mais la personnalité, d'en faire de vrais individus, tous bien doués d'une âme particulière ; dans *la Force du Mal*, une jeune fille est ainsi posée et si nettement sous nos yeux qu'elle en devient inoubliable ; malheureusement son caractère fléchit à la fin du roman, trop brusquement résumé. Par la fécondité, enfin, fécondité non pas seulement linéaire et d'abattage de sillons, mais d'œuvres dont les moindres sont encore des œuvres.

Il a entrepris deux grandes épopées romanesques que son génie ardent et fier achèvera à l'état de monuments, *l'Époque* et *les Volontés merveilleuses*. A lui tout seul il travaille comme une ruche, et au moindre soleil les idées abeilles sortent tumultueuses et se dispersent vers les vastes campagnes de la vie.

Paul Adam est un spectacle magnifique.

LAUTRÉAMONT

LAUTRÉAMONT

C'était un jeune homme d'une originalité furieuse et inattendue, un génie malade et même franchement un génie fou. Les imbéciles deviennent fous et dans leur folie l'imbécillité demeure croupissante ou agitée ; dans la folie d'un homme de génie il reste souvent du génie : la forme de l'intelligence a été atteinte et non sa qualité ; le fruit s'est écrasé en tombant, mais il a gardé tout son parfum et toute la saveur de sa pulpe, à peine trop mûre.

Telle fut l'aventure du prodigieux inconnu Isidore Ducasse, orné par lui-même de ce romantique pseudonyme : Comte de Lautréamont. Il naquit à Montevideo, en avril 1846, et mourut âgé de vingt-huit ans, ayant publié les *Chants de Maldoror* et des *Poésies*, recueil de pensées et de notes critiques d'une littérature moins exaspérée et même, çà et là, trop sage. On ne sait rien de sa vie brève ; il ne semble avoir eu aucunes relations littéraires, les nombreux amis apostrophés en ses dédicaces portant des noms demeurés occultes.

Les *Chants de Maldoror* sont un long poème en prose dont les six premiers chants seuls furent écrits. Il est probable que Lautréamont, même vivant, ne l'eût pas continué. On sent, à mesure que s'achève la lecture du volume, que la conscience s'en va, s'en va, — et quand elle lui est revenue, quelques mois avant de mourir, il rédige les *Poésies*, où, parmi de très curieux passages, se révèle l'état d'esprit d'un moribond qui répète, en les défigurant dans la fièvre, ses plus lointains souvenirs, c'est-à-dire pour cet enfant les enseignements de ses professeurs !

Motif de plus que ces chants surprennent. Ce fut un magnifique coup de génie, presque inexplicable. Unique ce livre le demeurera, et dès maintenant il reste acquis à la liste des œuvres qui, à l'exclusion de tout classicisme, forment la brève bibliothèque et la seule littérature admissibles pour ceux dont l'esprit, mal fait, se refuse aux joies, moins rares, du lieu commun et de la morale conventionnelle.

La valeur des *Chants de Maldoror*, ce n'est pas l'imagination pure qui la donne : féroce, démoniaque, désordonnée ou exaspérée d'orgueil en des visions démentes, elle effare plutôt qu'elle ne séduit ; puis, même dans l'inconscience, il y a des influences possibles à déterminer : « O *Nuits* de Young, s'exclame l'auteur en ses *Poésies*, que de sommeil vous m'avez coûté ! » Aussi le dominent çà et là les extravagances romantiques de tels romanciers anglais encore de son temps lus, Anne Radcliffe et Maturin (que Balzac estimait), Byron, puis les rapports médicaux sur des cas d'érotisme, puis la Bible. Il avait certainement de la lecture, et le seul auteur qu'il n'allègue jamais, Flaubert, ne devait jamais être loin de sa main.

Cette valeur que je voudrais qualifier, elle est, je crois, donnée par la nouveauté et l'originalité des images et des métaphores, par leur abondance, leur suite logiquement arrangée en poème, comme dans la magnifique description d'un naufrage : toutes les strophes (encore que nul artifice typographique ne les désigne) finissent ainsi : « Le navire en détresse tire des coups de canon d'alarme ; mais il sombre avec lenteur... avec majesté. » Pareillement les litanies du Vieil Océan : « Vieil Océan, tes eaux sont amères... je te salue, vieil Océan. — Vieil Océan, ô grand célibataire, quand tu parcours la solitude solennelle de tes royaumes flegmatiques... je te salue, Vieil Océan. » Voici d'autres images : « Comme un angle à perte de vue de grues frileuses méditant beaucoup, qui, pendant l'hiver, vole puissamment à travers le silence », et cette effarante invocation : « Poulpe au regard de soie ! » Pour qualifier les hommes, ce sont des expressions d'une suggestivité homérique : « Les hommes aux épaules étroites. — Les hommes à la tête laide. — L'homme à la chevelure pouilleuse. — L'homme à la prunelle de jaspe. — Humains à la verge rouge. » D'autres d'une violence magnifiquement obscène : « Il se replace dans son attitude farouche et continue de regarder, avec un tremblement nerveux, la chasse à l'homme, et les grandes lèvres du vagin d'ombre, d'où découlent, sans cesse, comme un fleuve, d'immenses spermatozoïdes ténébreux qui prennent leur essor dans l'éther lugubre, en cachant, avec le vaste déploiement de leurs ailes de chauve-souris, la nature entière, et les légions solitaires de poulpes, devenues mornes à l'aspect de ces fulgurations sourdes et inexprimables. » (1868 : qu'on ne croie donc pas à des phrases imaginées sur quelque estampe d'Odilon Redon.) Mais quelle légende, au contraire, quel thème pour le maître des formes rétrogrades, de la peur, des amorphes grouillements des êtres qui sont presque, — et quel livre, écrit, on l'affirmerait, pour le tenter !

Voici un passage bien caractéristique à la fois du talent de Lautréamont et de sa maladie mentale :

« Le frère de la sangsue (Maldoror) marchait à pas lents dans la forêt... Enfin il s'écrie : « Homme, lorsque tu rencontres un chien mort retourné, appuyé contre une écluse qui l'empêche de partir, n'aille pas, comme les autres, prendre avec ta main les vers qui sortent de son ventre gonflé, les considérer avec étonnement, ouvrir un couteau, puis en dépecer un grand nombre, en te disant que toi aussi tu ne seras pas plus que ce chien. Quel mystère cherches-tu ? Ni moi, ni les quatre pattes nageoires de l'ours marin de l'Océan Boréal, n'avons pu trouver le problème de la vie... Quel est cet être, là-bas, à l'horizon, et qui ose approcher de moi, sans peur, à sauts obliques et tourmentés ? et quelle majesté mêlée d'une douceur sereine ! Son regard, quoique doux, est profond. Ses paupières énormes jouent avec la brise et paraissent vivre. Il m'est inconnu. En fixant ses yeux monstrueux, mon corps tremble... Il y a comme une auréole de lumière éblouissante autour de lui... Qu'il est beau... Tu dois être puissant, car tu as une figure plus qu'humaine, triste comme l'univers, belle comme le suicide... Comment !.. c'est toi, crapaud !.. gros crapaud !.. infortuné crapaud !.. Pardonne !... Que viens-tu faire sur cette terre où sont les maudits ? Mais qu'as-tu donc fait de tes pustules visqueuses et fétides, pour avoir l'air si doux ? Quand tu descendis d'en haut... je te vis ! Pauvre crapaud ! Comme alors je pensais à l'infini, en même temps qu'à ma faiblesse... Depuis que tu m'es apparu monarque des étangs et des marécages ! couvert d'une gloire qui n'appartient qu'à Dieu, tu m'as en partie consolé, mais ma raison chancelante s'abîme devant tant de grandeur... Replie tes blanches ailes et ne regarde pas en haut avec des paupières inquiètes... » Le crapaud s'assit sur les cuisses de derrière (qui ressemblent tant à celles de l'homme) et, pendant que les limaces, les cloportes et les limaçons s'enfuyaient à la vue de leur ennemi mortel, prit la parole en ces termes : « Maldoror, écoute-moi. Remarque ma figure, calme comme un miroir... je ne suis qu'un simple habitant des roseaux, c'est vrai, mais grâce à ton propre contact, ne prenant que ce qu'il y a de beau en toi, ma raison s'est agrandie et je puis te parler... Moi je préférerais avoir les paupières collées, mon corps manquant des jambes et des bras, avoir assassiné un homme, que ne pas être toi ! Parce que je te hais !... Adieu donc, n'espère plus retrouver le crapaud sur ton passage. Tu as été la cause de ma mort. Moi, je pars pour l'éternité, afin d'implorer ton pardon. »

Les aliénistes, s'ils avaient étudié ce livre, auraient désigné l'auteur parmi les persécutés ambitieux : il ne voit dans le monde que lui et Dieu, — et Dieu le gêne. Mais on peut aussi se demander si Lautréamont, n'est pas un ironiste supérieur (1), un homme engagé par un mépris précoce pour les hommes à feindre une folie dont l'incohérence est plus sage et plus belle que la raison moyenne. Il y a la folie de l'orgueil ; il y a le délire de la médiocrité. Que de pages pondérées, honnêtes, de bonne et claire littérature, je donnerais pour celle-ci, pour ces pelletées de mots et de phrases sous lesquelles il semble avoir voulu enterrer la raison elle-même ! c'est tiré des singulières *Poésies* :

« Les perturbations, les anxiétés, les dépravations, la mort, les exceptions dans l'ordre physique ou moral, l'esprit de négation, les abrutissements, les hallucinations servies par la volonté, les tourments, la destruction, les renversements, les larmes, les insatiabilités, les asservissements, les imaginations creusantes, les romans, ce qui est inattendu, ce qu'il ne faut pas faire, les singularités chimiques du vautour

---

(1) Voici un exemple évident d'ironie : « Toi, jeune homme, ne te désespère point, car tu as un ami dans le vampire, malgré ton opinion contraire. En comptant l'acarus sarcopte qui produit la gale, tu auras deux amis. »

mystérieux qui guette la charogne de quelque illusion morte, les expériences précoces et avortées, les obscurités à carapace de punaise, la monomanie terrible de l'orgueil, l'inoculation des stupeurs profondes, les oraisons funèbres, les envies, les trahisons, les tyrannies, les impiétés, les irritations, les acrimonies, les incartades agressives, la démence, le spleen, les épouvantements raisonnés, les inquiétudes étranges, que le lecteur préférerait ne pas éprouver, les grimaces, les névroses, les filières sanglantes par lesquelles on fait passer la logique aux abois, les exagérations, l'absence de sincérité, les scies, les platitudes, le sombre, le lugubre, les enfantements pires que les meurtres, les passions, le clan des romanciers de cour d'assises, les tragédies, les odes, les mélodrames, les extrêmes présentés à perpétuité, la raison impunément sifflée, les odeurs de poule mouillée, les affadissements, les grenouilles, les poulpes, les requins, le simoun des déserts, ce qui est somnambule, louche, nocturne, somnifère, noctambule, visqueux, phoque parlant, équivoque, poitrinaire, spasmodique, aphrodisiaque, anémique, borgne, hermaphrodite, bâtard, albinos, pédéraste, phénomène d'aquarium et femme à barbe, les heures soûles du découragement taciturne, les fantaisies, les âcretés, les monstres, les syllogismes démoralisateurs, les ordures, ce qui ne réfléchit pas comme l'enfant, la désolation, ce mancenillier intellectuel, les chancres parfumés, les cuisses des camélias, la culpabilité d'un écrivain qui roule sur la pente du néant et se méprise lui-même avec des cris joyeux, les remords, les hypocrisies, les perspectives vagues qui vous broient dans leurs engrenages imperceptibles, les crachats sérieux sur les axiomes sacrés, la vermine et ses chatouillements insinuants, les préfaces insensées comme celles de Cromwell, de Mademoiselle de Maupin et de Dumas fils, les caducités, les impuissances, les blasphèmes, les asphyxies, les étouffements, les rages, — devant ces charniers immondes, que je rougis de nommer, il est temps de réagir enfin contre ce qui nous choque et nous courbe souverainement. » Maldoror (ou Lautréamont) semble s'être jugé lui-même en se faisant apostropher ainsi par son énigmatique Crapaud : « Ton esprit est tellement malade qu'il ne s'en aperçoit pas, et que tu crois être dans ton naturel chaque fois qu'il sort de ta bouche des paroles insensées, quoique pleines d'une infernale grandeur. »

TRISTAN CORBIÈRE

TRISTAN CORBIÈRE

Laforgue, au courant d'une lecture, crayonna sur Corbière des notes qui, non rédigées, sont tout de même définitives ; parmi :

« Bohème de l'Océan — picaresque et falot — cassant, concis, cinglant le vers à la cravache — strident comme le cri des mouettes et comme elles jamais las — sans esthétisme — pas de la poésie et pas du vers, à peine de la littérature — sensuel, il ne montre jamais la chair — voyou et byronien — toujours le mot net — il n'est un autre artiste en vers plus dégagé que lui du langage poétique — il a un métier sans intérêt plastique — l'intérêt, l'effet est dans le cinglé, la pointe-sèche, le calembour, la fringance, le haché romantique — il veut être indéfinissable, incatalogable, pas être aimé, pas être haï ; bref, déclassé de toutes les latitudes, de toutes les mœurs, en deçà et au delà des Pyrénées. »

Ceci est sans doute la vérité : Corbière fut toute sa vie dominé et mené par le démon de la contradiction. Il supposa qu'il faut se différencier des hommes par des pensées et par des actes exactement contraires aux pensées et actes du commun des hommes ; il y a beaucoup de voulu dans son originalité ; il la travaillait, comme les femmes travaillent leur teint, pendant les longues après-midi entre ciel et terre, et quand il débarquait, c'était pour tirer des bordées de stupéfaction : dandysme à la Baudelaire.

Mais on ne peut travailler heureusement une nature que dans le sens de ses instincts et de ses penchants ; Corbière a dû être nativement un peu de ce qu'il est devenu, le don Juan de la singularité ; c'est la seule femme qu'il aime ; l'autre, il l'ironise de ce mot leste, « l'éternelle madame ».

Corbière a beaucoup d'esprit, de l'esprit à la fois de cabaret de Montmartre et de gaillard d'avant ; son talent est fait de cet esprit vantard, baroque et blagueur, d'un mauvais goût impudent, et d'à-coups de génie ; il a l'air ivre, mais il n'est que laborieusement maladroit ; il taille, pour en faire d'absurdes chapelets, de miraculeux cailloux roulés, œuvres d'une patience séculaire, mais aux dizaines, il laisse la petite pierre de mer toute brute et toute nue, parce qu'il aime la mer, au fond, avec une grande naïveté et parce que sa folie du paradoxal le cède, de temps en temps, à une ivresse de poésie et de beauté.

Parmi les vers jamais ordinaires des *Amours jaunes*, il y en a beaucoup de très déplaisants et beaucoup d'admirables, mais admirables avec un air si équivoque, si spécieux, qu'on ne les goûte pas toujours à une première rencontre ; ensuite on juge que Tristan Corbière est, comme Laforgue, un peu son disciple, l'un de ces talents inclassables et indéniables qui sont dans l'histoire des littératures, d'étranges et précieuses exceptions, — singulières même en une galerie de singularités.

Voici de Tristan Corbière deux petits poèmes oubliés même par le dernier éditeur des *Amours jaunes* :

PARIS NOCTURNE

C'est la mer ; — calme plat. — Et la grande marée
Avec un grondement lointain s'est retirée...
Le flot va revenir se roulant dans son bruit.
Entendez-vous gratter les crabes de la nuit ?

C'est le Styx asséché : le chiffonnier Diogène,
La lanterne à la main, s'en vient avec sans-gêne.
Le long du ruisseau noir, les poètes pervers
Pèchent : leur crâne creux leur sert de boîte à vers.

C'est le champ : pour glaner les impures charpies
S'abat le vol tournant des hideuses harpies ;
Le lapin de gouttière, à l'affût des rongeurs,
Fuit les fils de Bondy, nocturnes vendangeurs.

C'est la mort : la police gît. — En haut l'amour
Fait sa sieste, en tétant la viande d'un bras lourd
Où le baiser éteint laisse sa plaque rouge.
L'heure est seule. Écoutez : pas un rêve ne bouge.

C'est la vie : écoutez, la source vive chante
L'éternelle chanson sur la tête gluante
D'un dieu marin tirant ses membres nus et verts
Sur le lit de la Morgue... et les yeux grands ouverts.

PARIS DIURNE

Vois aux cieux le grand rond de cuivre rouge luire,
Immense casserole où le bon Dieu fait cuire
La manne, l'arlequin, l'éternel plat du jour :
C'est trempé de sueur et c'est trempé d'amour.

Les laridons en cercle attendent près du four,
On entend vaguement la chair rance bruire,
Et les soiffards aussi sont là, tendant leur buire,
Le marmiteux grelotte en attendant son tour.

Crois-tu que le soleil frit donc pour tout le monde
Ces gras gruillons grouillants qu'un torrent d'or
|inonde?
Non, le bouillon de chien tombe sur nous du ciel.

Eux sont sous le rayon et nous sous la gouttière.
A nous le pot au noir qui froidit sans lumière.
Notre substance à nous, c'est notre poche à fiel.

Né à Morlaix, en 1845, Tristan y revint mourir d'une fluxion de poitrine en 1875. Il était le fils (d'autres disent le neveu) du romancier maritime Edouard Corbière, l'auteur du *Négrier*, dont le violent amour pour les choses de mer influa sur le poète très fortement. Ce *Négrier*, par Edouard Corbière, capitaine au long-cours, 1832, 2 vol. in-8°, est un assez intéressant roman d'aventures maritimes. Le chapitre IV de la première partie, intitulé *Prisons d'Angleterre* (les Pontons), renferme les plus curieux détails sur les mœurs des prisonniers sur les amours des *corvettes* avec les *forts-à-bras*, — en un lieu, dit l'auteur, où, pourtant, « il n'y avait qu'un sexe ». La préface de ce roman décèle un esprit très hautain et très dédaigneux du public : le même esprit avec du talent et une nervosité plus aiguë, — vous avez Tristan Corbière.

ARTHUR RIMBAUD

ARTHUR RIMBAUD

Jean-Nicolas-Arthur Rimbaud naquit à Charleville le 20 octobre 1854, et, dès l'âge le plus tendre, il se manifesta tel que le plus insupportable voyou. Son bref séjour à Paris fut en 1870-71. Il suivit Verlaine en Angleterre, puis en Belgique. Après le petit malentendu qui les sépara, Rimbaud courut le monde, fit les métiers les plus divers, soldat dans l'armée hollandaise, contrôleur, à Stockholm, du cirque Loisset, entrepreneur dans l'île de Chypre, négociant au Harrar, puis au cap de Guardafui, en Afrique, où un ami de M. Vittorio Pica l'aurait vu, se livrant au commerce des peaux. Il est probable que, méprisant tout ce qui n'est pas la jouissance brutale, l'aventure sauvage, la vie violente, ce poète, singulier entre tous, renonça volontiers à la poésie. Aucune des pièces authentiques du *Reliquaire* ne semble plus récente que 1873, quoiqu'il ne soit définitivement mort que vers la fin de 1891. Les vers de son extrême jeunesse sont faibles, mais dès l'âge de dix-sept ans Rimbaud avait conquis l'originalité, et son œuvre demeurera, tout au moins à titre de phénomène. Il est souvent obscur, bizarre et absurde. De sincérité nulle, caractère de femme, de fille, nativement méchant et même féroce, Rimbaud a cette sorte de talent qui intéresse sans plaire. Il y a dans son œuvre plusieurs pages qui donnent un peu l'impression de beauté que l'on pourrait ressentir devant un crapaud congrûment pustuleux, une belle syphilis ou le Château Rouge à onze heures du soir. *Les Pauvres à l'église*, *les Premières Communions* sont d'une qualité peu commune d'infamie et de blasphème. *Les Assis* et *le Bateau ivre*, voilà l'excellent Rimbaud, et je ne déteste ni *Oraison du soir* ni *les Chercheuses de Poux*. C'était quelqu'un malgré tout, puisque le génie anoblit même la turpitude. Il était poète. Tel de ses vers est de-

meuré vivant à l'état presque de locution usuelle :
Avec l'assentiment des grands héliotropes.

Des strophes du *Bateau ivre* sont de la vraie et de la grande poésie :

Et dès lors je me suis baigné dans le poème
De la mer, infusé d'astres et latescent,
Dévorant les azurs verts où, flottaison blême
Et ravie, un noyé pensif parfois descend,
Où, teignant tout à coup les bleuités, délires
Et rythmes lents sous les rutilements du jour,
Plus fortes que l'alcool, plus vastes que vos lyres,
Fermentent les rousseurs amères de l'amour.

Tout le poème a de l'allure ; tous les poèmes de Rimbaud ont de l'allure et il y a dans *les Illuminations* de merveilleuses danses du ventre.

Il est fâcheux que sa vie, si mal connue, n'ait pas été toute la vraie *vita abscondita* ; ce qu'on en sait dégoûte de ce qu'on pourrait en apprendre. Rimbaud était de ces femmes dont on n'est pas surpris d'entendre dire qu'elles sont entrées en religion dans une maison publique ; mais ce qui révolte encore davantage c'est qu'il semble avoir été une maîtresse jalouse et passionnée : ici l'aberration devient crapuleuse, étant sentimentale. L'homme qui a parlé le plus librement de l'amour, Senancour, dit de ces liaisons inharmoniques, où la femelle tombe si bas qu'elle n'a de nom qu'en l'argot le plus boueux : « Que dans une situation très particulière le besoin occasionne une minute d'égarement, on le pardonnera peut-être à des hommes tout à fait vulgaires, ou du moins on en écartera le souvenir; mais comment comprendre que ce soit une habitude, un attachement ? La faute aurait pu être accidentelle ; mais ce qui se joint à cet acte de brutalité, ce qui n'est pas inopiné, devient ignoble. Si même un emportement capable de troubler la tête, et d'ôter presque la liberté, a laissé souvent une tache ineffaçable, quel dégoût n'inspirera pas un consentement donné de sang-froid ? L'intimité en ce genre, voilà le comble de l'opprobre, l'irrémédiable infamie.. »

Mais l'intelligence, consciente ou inconsciente, si elle n'a pas tous les droits, a droit à toutes les absolutions.

> ... Qui sait si le génie
> N'est pas une de vos vertus,

monstres, que vous ayez nom Rimbaud, — ou Verlaine ?

FRANCIS POICTEVIN

FRANCIS POICTEVIN

Comme tous les écrivains qui sont parvenus à comprendre la vie, c'est-à-dire son inutilité immédiate, M. Francis Poictevin, bien que né romancier, a promptement renoncé au roman. Il sait que tout arrive, qu'un fait n'est pas en soi plus intéressant qu'un autre fait et que seule importe « la manière de dire ».

Je me souviens de quelque chose dans ce goût rapporté par M. Sarcey, à propos du lamentable Murger : « About lui donna un sujet de roman ; il n'en fit rien : c'était décidément un paresseux. » Il est très difficile de persuader à de certains vieillards — vieux ou jeuues — qu'il n'y a pas de *sujets* ; il n'y a, en littérature, qu'un *sujet*, celui qui écrit, et toute la littérature, c'est-à-dire toute la philosophie, peut surgir aussi bien à l'appel d'un chien écrasé qu'aux exclamations de Faust interpellant la Nature : « Où te saisir, ô Nature infinie ? Et vous, mamelles ? »

L'auteur de *Tout Bas* et de *Presque* aurait pu, tout comme un autre, agencer ses méditations en dialogues, ordonner son sentiment selon des chapitres coupés au hasard du tranche-lignes, insinuer en de faux-vivants personnages un peu de vie gesticulée et leur faire exprimer, par d'appréciables agenouillements sur les dalles d'une église connue, la vertu d'une croyance méconnue : en somme rédiger « le Roman du Mysticisme » et vulgariser pour les « journaux littéraires » la pratique de l'oraison mentale. Ses livres par ce moyen lui auraient acquis une popularité, qui certes lui manque, car si peu d'écrivains sont aussi estimés, peu, parmi ceux dont le talent est évident, sont moins répandus et moins sur les tables. Mais pour nous intéresser, et presque toujours excessivement, M. Poictevin dédaigne tout artifice hors l'artifice du style, piège où il nous est agréable de tomber. Qu'il note les nuances d'une fleur, l'attitude d'une fillette, la grâce d'une madone ou la froide et presque dure pureté de Catherine de Gênes, il nous séduit à coup sûr par cette préciosité même que d'aucuns, gauchement, lui reprochent. Cette préciosité est rigoureusement personnelle ; à l'écart des groupes, aussi loin de M. Huysmans que de M. Mallarmé, l'auteur de *Tout Bas* œuvre, dirait on, dans une cellule, une cellule idéale qu'il emporte en voyage, et là, debout, souvent à genoux, il épanche ses poèmes, ses prières, selon des phrases d'une musicalité unique d'orgue byzantin. Phrases moins que vibrations, vibrations si spéciales que peu d'âmes s'y trouvent d'accord. Musique de plain-chant grégorien, tel qu'on l'écoute en une somptueuse église flamande, avec de soudaines fugues de prière exaltée qui planent sur les lignes hautes, se jettent vers les voûtes peintes, avivent les vieux vitraux, illuminent d'amour les chemins de la Croix assombris. Le moine mystique, le vrai moine, le Fra Angelico et un peu le Bonaventure, revit davantage le long des pages de *Presque*, de chatoyante spiritualité, qu'en toute la littérature pseudo-mystique de notre temps.

Plairait-elle pas, mieux que de protectrices et fructifères déductions, à l'auteur du *Recordare sanctæ crucis*, cette oraison : « Le Christ apparaît ici-bas la plus aimante, la plus absorbée figure de l'éternelle substance, elle embaume de toutes les vertus ; elle a les bleus dulcifiants, les jaunes brûlés et clairs de la topaze ou du chrysanthème, les ensanglantements des gloires futures. Et malgré et contre mes rechutes de chaque jour, je m'efforce, selon la parole de Jésus à la Samaritaine, à l'adoration en esprit et en vérité. » M. Poictevin est entré dans le « jardin de toutes les floraisons » que chanta saint Bonaventure,

(Crux deliciarum hortus
In quo florent omnia...)

et à genoux il a baisé le cœur des roses dont la roseur est faite de sang, — le sang du grand Supplice. Pendant que le Matin, jeune homme aux cheveux blonds, livre aux femmes folles sa moite adolescence, il va, vers une paix « ecclésiale », à des messes de solitude, et l'une des grâces recueillies c'est l'imprégnement de son âme par la « lumière intérieure, *claritas caritas*».

C'est un essentiel. Des phrases, oui ; mais les phrases ne sont encore que la parure et la pudeur de son art ; il a senti, songé ou pensé avant de dire ; surtout il a aimé : et telle de ses métaphores jaillit comme une éjaculation, comme un des « cris » de sainte Thérèse.

Visiblement, il s'efforce d'aller au fond, de pénétrer jusqu'au centre vital même d'une ombelle d'hortensia. Il cherche partout l'âme, — et la trouve. Nul n'est moins rhétoricien que ce styliste, car le rhétoricien est celui qui habille de vêtements à la mode de solides lieux communs aptes à supporter tout le vulgaire des chamarrures, tandis que M. Poictevin diaphanéiserait encore un fantôme, un arc-en-ciel, une illusion, une fleur d'azalée; ceci : « Une main de phtisique en l'angustie de sa quasi-diaphanéité, posée, non paresseuse, mais qui n'appréhende plus, semblerait avertir, moins exaltée que déjà et indulgemment revenue ? »

Oui, que c'est subtil ! — et pourquoi ne pas écrire « comme tout le monde » ?

Hélas ! cela lui est défendu, — parce qu'il est un mystique, parce qu'il sent entre l'homme et les choses et Dieu des rapports nouveaux, et parce que, voilé de la douloureuse perfection d'une forme où la grâce se perle en minutie, M. Poictevin est un spontané. Que de choses, sans doute, il n'a pas transcrites, n'osant pas, doutant d'avoir trouvé l'expression vraie, la seule, la très rare, l'inédite !

Tout en effet, dans une œuvre d'art devrait être inédit, — et même les mots, par la manière de les grouper, de les amener à des significations neuves, — et on regrette parfois d'avoir un alphabet connu de trop de demi-lettrés.

Disciple des Goncourt, dont il aiguisa encore la préciosité d'écriture, M. Francis Poictevin s'est peu à peu affiné jusqu'à l'immatérialisation. Et c'est là son génie, l'expression de l'immatériel et de l'inexprimable : il inventa le mysticisme du style.

ANDRÉ GIDE

ANDRÉ GIDE

J'écrivais en 1891, à propos des *Cahiers d'André Walter,* œuvre anonyme, ces notes :
« — Le journal est une forme de littérature bonne et la meilleure peut-être pour quelques esprits très subjectifs. M. de Maupassant n'en ferait rien : le monde est pour lui le tapis d'un billard, il note les rencontres des billes, quand les billes s'arrêtent, s'arrête aussi, car s'il n'a plus aucun mouvement matériel à percevoir, il n'a plus rien à dire. Le subjectif puise en lui-même dans la réserve de ses sensations emmagasinées ; et, par une occulte chimie, par d'inconscientes combinaisons dont le nombre approche de l'infinité, ces sensations, souvent

d'un très loin jadis, se métamorphosent, se multiplient en idées. Alors on raconte, non pas des anecdotes, mais sa propre anecdote à soi, la seule que l'on dise bien et que l'on puisse redire bien plusieurs fois, si l'on a du talent et le don de varier les apparences. Ainsi vient de faire et ainsi fera encore l'auteur de ces cahiers. C'est un esprit romanesque et philosophique, de la lignée de Gœthe ; une de ces années, lorsqu'il aura reconnu l'impuissance de la pensée sur la marche des choses, son inutilité sociale, le mépris qu'elle inspire à cet amas de corpuscules dénommé la Société, l'indignation lui viendra, et, comme l'action, même illusoire, lui est à tout jamais fermée, il se réveillera armé de l'ironie : cela complète singulièrement un écrivain : c'est le coefficient de sa valeur d'âme. La théorie du roman, exposée en une note de la page 120, n'est pas médiocrement intéressante : il faut espérer que l'auteur, à l'occasion, s'en souviendra. Quant au présent livre, il est ingénieux et original, érudit et délicat, révélateur d'une belle intelligence : cela semble la condensation de toute une jeunesse d'étude, de rêve et de sentiment, d'une jeunesse repliée et peureuse. Cette réflexion (p. 142) résume assez bien l'état d'esprit d'André Walter: « O l'émotion quand on est tout près du bonheur, qu'on n'a plus qu'à toucher — et qu'on passe. »

Il y a un certain plaisir à ne pas s'être trompé au premier jugement porté sur le premier livre d'un inconnu ; maintenant que M. Gide est devenu, après maintes œuvres spirituelles, l'un des plus lumineux lévites de l'église, avec autour du front et dans les yeux toutes visibles les flammes de l'intelligence et de la grâce, les temps sont proches où d'audacieux révélateurs inventeront son génie, sonner, pour qu'il sorte et s'avance, la trompette de la première colonne. Il mérite la gloire, si aucun la mérita (la gloire est toujours injuste), puisqu'à l'originalité du talent le maître des esprits a voulu qu'en cet être singulier se joignît l'originalité de l'âme. C'est un don assez rare pour qu'on en parle.

Le talent d'un écrivain n'est souvent que la faculté terrible de redire en phrases qui semblent belles les éternelles clameurs de la médiocre humanité ; des génies même, et gigantesques, comme Victor Hugo ou Adam de Saint-Victor furent destinés à proférer d'admirables musiques dont la grandeur est de recéler l'immense vacuité des déserts ; leur âme est pareille à l'âme informe et docile des sables et des foules ; ils aiment, ils songent, ils veulent les amours, les songes, les désirs de tous les hommes et de toutes les bêtes ; poètes, ils crient magnifiquement ce qui ne vaut pas la peine d'être pensé.

Le genre humain, sans doute, en son ensemble de ruche ou de colonie, n'est que parce que nous en sommes, prééminent au genre bison ou au genre martin-pêcheur ; ici et là c'est le triste automate ; mais la supériorité de l'homme est qu'il peut arriver à la conscience : un petit nombre y parvient. Acquérir la pleine conscience de soi, c'est se connaître tellement différent des autres qu'on ne sent plus avec les hommes que des contacts purement animaux : cependant entre âmes de ce degré, il y a une fraternité idéale basée sur les différences, — tandis que la fraternité sociale l'est sur les ressemblances.

Cette pleine conscience de soi-même peut s'appeler l'originalité de l'âme, — et tout cela n'est dit que pour signaler le groupe d'êtres rares auquel appartient M. André Gide.

Le malheur de ces êtres, quand ils se veulent réaliser, est qu'ils le font avec des gestes si singuliers que les hommes ont peur de les approcher ; ils doivent souvent faire évoluer leur vie de relation dans le cercle bref des fraternités idéales ; — ou, quand la foule veut bien admettre de telles âmes, c'est comme curiosités et pièces de musée. Leur gloire finalement est d'être aimés un peu de loin et compris presque, comme vus et lus des parchemins dans le coffre aux vitres scellées.

Mais tout cela est raconté dans *Paludes*, histoire, comme on sait, « des animaux vivant dans les cavernes ténébreuses et qui perdent la vue à force de ne pas s'en servir » ; c'est aussi, avec un charme plus familier que dans le *Voyage d'Urien*, un peu de l'histoire ingénue d'une âme très compliquée, très intellectuelle et très originale.

PIERRE LOUYS

PIERRE LOUYS

Il y a en ce moment un petit mouvement de néo-paganisme, de naturisme sensuel, d'érotisme à la fois mystique et matérialiste, un renouveau de ces religions purement charnelles où la femme est adorée jusque dans les laideurs de son sexe, car au moyen de métaphores on peut adoniser l'informe et diviniser l'illusoire. Un roman de M. Marcel Batilliat, jeune homme inconnu, est peut-être, malgré de graves défauts, le plus curieux spécimen de cette religiosité érotique que des cœurs zélés se donnent pour songe ou pour idéal ; mais il y eut une manifestation fameuse, l'*Aphrodite* de M. Pierre Louÿs, dont le succès étouffera sans doute d'ici longtemps, comme sous des roses, toutes les autres revendications du romanesque sexuel.

Ce n'est pas, quoique l'apparence ait trompé les critiques, jeunes ou vieux, un roman historique, tel que *Salammbô* ou même *Thaïs*. La parfaite connaissance que M. Pierre Louys a des religions et des mœurs alexandrines lui a permis de vêtir ses personnages de noms et de costumes véridiquement anciens, mais il faut lire le livre dépouillé de ces précautions qui ne sont là, ainsi, qu'en plus d'un roman du xviiie siècle, que le paravent brodé d'hiératiques phallophores derrière lequel s'agitent des mœurs, des gestes et des désirs d'un incontestable aujourd'hui.

Par la vulgarisation de l'art l'amour nous est enfin revenu du nu. C'est à l'époque de la floraison du calvinisme que le nu commença d'être proscrit des mœurs et qu'il se réfugia dans l'art qui seul en garda la tradition. Jadis et encore au temps de Charles-Quint, il n'y avait pas de fêtes publiques sans théories de belles filles nues; on craignait si peu le nu que les femmes adultères étaient promenées nues par les villes; il est hors de doute que, dans les mystères, tels rôles, Adam et Ève, étaient tenus par des personnages abstraits du maillot, luxe hideux. Aimer le nu, et d'abord féminin avec ses grâces et ses insolences, c'est traditionnel en des races que la dure réforme n'a pas tout à fait terrorisées. Admise l'idée du nu, le costume peut se modifier, tendre vers la robe flottante et lâche, les mœurs s'adoucir et un peu de rayonnement charnel éclairer la tristesse de nos hypocrisies. *Aphrodite* a signalé par sa vogue le retour possible à des mœurs où il y aurait un peu de liberté : venu à sa date, ce livre a la valeur d'un contrepoison.

Mais aussi qu'une telle littérature est fallacieuse ! Toutes ces femmes, toutes ces chairs, tous ces cris, toute cette luxure si animale et si vaine, et si cruelle ! Les femelles mordillent les cervelets et mangent les cervelles ; la pensée fuit éjaculée ; l'âme des femme coule comme par une plaie ; et toutes ces copulations n'engendrent que le néant, le dégoût et la mort.

M. Pierre Louys a bien senti que ce livre de chair aboutissait logiquement à la mort : *Aphrodite* se clôt par une scène de mort, par des funérailles.

C'est la fin d'*Atala* (Châteaubriand plane invisible sur toute notre littérature), mais refaite et renouvelée avec grâce, avec art, avec tendresse, — si bien qu'à l'idée de la mort vient se joindre l'idée de la beauté ; et les deux images, enlacées comme deux courtisanes, tombent lentement dans la nuit.

RACHILDE

RACHILDE

La sincérité, exigence énorme s'il s'agit d'une femme ! Les plus vantées pour leur candeur furent comédiennes encore, telle cette lacrymatoire Marceline, actrice d'ailleurs, et qui pleura sa vie ainsi qu'un rôle, avec la conscience que donnent les applaudissements du public. Depuis que les femmes écrivent nulle, n'a eu la bonne foi de se dire et de s'avouer en toute fière humilité, et les seules notions que la littérature recèle des psychologies féminines, il faut les demander à la littérature des hommes : il y a plus à apprendre sur les femmes dans la seule *Lady Roxana* que dans les œuvres complètes de George Sand. Ce n'est peut-être pas mensonge ; c'est plutôt incapacité de nature à se penser soi-même, à prendre conscience de soi en son propre cerveau et non dans les yeux et sur les lèvres d'autrui ; même quand elles écrivent ingénuement pour elles-mêmes en de petits cahiers secrets, les femmes pensent au dieu inconnu qui lit — peut-être — par dessus leur épaule. Avec une semblable nature il faudrait à une femme, pour se mettre au premier rang des hommes, un génie plus haut que le génie même des hommes les plus surélevés : c'est pourquoi si les œuvres marquantes des hommes sont assez souvent supérieures à l'homme, les œuvres les plus belles des femmes sont toujours inférieures à la valeur de la femme qui les a produites.

L'incapacité n'est pas personnelle ; elle est générique et absolue. Il faudrait donc comparer les femmes entre elles, exclusivement, les juger comme des femmes et ne pas les mépriser pour ce qui leur manque d'égoïsme ou de personnalité : ce défaut, hors de la littérature et de l'art, est généralement estimé à l'égal d'une vertu positive.

Qu'elles essaient leurs grâces dans la perversité ou dans la candeur, les femmes réussiront mieux à vivre qu'à jouer leur comédie ; elles sont faites pour la vie, pour la chair, pour la matérialité, — et leurs rêves les plus romantiques, elles les réaliseraient avec joie si elles ne se trouvaient arrêtées par l'indifférence de l'homme dont les nerfs, plus sensibles, souffrent de vibrer dans le vide. Il y a une évidente contradiction entre l'art et la vie ; on n'a guère vu jamais un homme vivre à la fois l'action et le songe, transposer en écritures des gestes d'abord réels ; ou, si cela arrive, l'homme qui a d'abord vécu ne tire de ses aventures aucun profit : l'équivalence des sensations est certaine et les affres de la peur peuvent être dites par qui les imagine mieux que par celui qui les ressentit. Au contraire la prédominance des tendances à vivre, dans un tempérament, émousse l'acuité des facultés imaginatives : chez les femmes les plus intelligentes et les mieux douées pour les métiers cérébraux, les images motrices se traduisent plus facilement en actes qu'en art. Vérité de fait et physiologique, état de nature qu'il serait aussi absurde de reprocher aux femmes qu'aux hommes l'exiguité de leurs mamelles ou la brièveté de leurs cheveux. D'ailleurs s'il s'agit d'art, le débat, qui touche un si petit nombre de créatures, n'a pour l'humanité, comme toutes les questions purement intellectuelles, qu'un intérêt de clocher ou de coin de rue.

Tout cela donc étant admis et admis aussi que si *l'Animale* est le livre le plus singulier de Rachilde (quoique pas le plus équivoque), *le Démon de l'Absurde* est le meilleur, j'ajouterais volontiers, non pour le seul plaisir de me contredire et d'annihiler la vertu des précédentes pages, que ce recueil de contes et d'imaginations dialoguées m'affirme un effort réalisé de véritable sincérité artistique. Des pages comme *la Panthère* ou *les Vendanges de Sodome* montrent qu'une femme peut avoir des phases de virilité, écrire, à telle heure, sans le souci des coquetteries obligées ou des attitudes coutumières, faire de l'art avec rien qu'une idée et des mots, créer.

J.-K. HUYSMANS

J.-K. HUYSMANS

« Le Romanée et le Chambertin, le Clos-Vougeot et le Corton faisaient défiler devant lui des pompes abbatiales, des fêtes princières, des opulences de vêtements brochés d'or, embrasés de lumière ! Le Clos-Vougeot surtout l'éblouissait. Ce vin lui semblait être le sirop des grands dignitaires. L'étiquette brillait devant ses yeux, comme ces gloires munies de rayons, placées dans les églises, derrière l'occiput des Vierges. »

L'écrivain qui, en 1881, au milieu du marécage naturaliste, avait, devant un nom lu sur une carte des vins, une telle vision, même ironique, de splendeurs évoquées, devait inquiéter ses amis, leur faire soupçonner une défection prochaine. A quelques années de là, en effet, surgissait l'inattendu *A Rebours*, qui fut, non le point de départ, mais la consécration d'une littérature neuve. Il ne s'agissait plus tant de faire entrer dans l'Art, par la représentation, l'extériorité brute, que de tirer de cette extériorité même des motifs de rêve et de surélévation intérieure. *En Rade* développa encore ce système dont la fécondité est illimitée — tandis que la méthode naturaliste s'est montrée plus stérile encore que ses ennemis n'auraient osé l'espérer — système de la plus stricte logique et d'une si merveilleuse souplesse qu'il permet, sans forfaire à la vraisemblance, d'intercaler, en des scènes exactes de vie campagnarde, des pages comme « Esther », comme le « Voyage sélénien ».

L'architecture de *Là-Bas* est érigée sur un plan analogue, mais la liberté s'y trouve, non sans profit, restreinte par l'unité du sujet, qui est absolue sous ses faces multiples : ni le Christ de Grunewald, en son extrême violence mystique, son atterrante et consolante hideur, n'est une fugue hors des lignes, ni la démoniaque forêt de Tiffauges, ni la cruelle Messe noire, ni aucun des « morceaux » ne sont déplacés ou inharmoniques ; pourtant, avant la liberté du roman on les eût critiqués, pas en eux-mêmes, mais tels que non rigoureusement nécessaires à la marche du livre. Par bonheur, le roman est enfin libre, et pour dire plus, le roman, ainsi que le conçoivent encore M. Zola ou M. Bourget, nous apparaît d'une conception aussi surannée que le poème épique ou la tragédie. Seul, l'ancien cadre peut encore servir ; il est quelquefois nécessaire, pour amorcer le public à des sujets très ardus, de simuler de vagues intrigues romanesques, que l'on dénoue selon son propre gré, quand on a dit tout ce que l'on voulait dire. Mais l'essentiel de jadis est devenu l'accessoire, et un accessoire de plus en plus méprisé : très rares sont à l'heure actuelle les écrivains assez ingénieux ou assez forts pour se soutenir en un genre aussi démoli, pour éperonner encore avec assez d'autorité la cavalerie fatiguée des sentimentalités et des adultères.

D'autre part, l'esthétique tend à se spécialiser en autant de formes qu'il y a de talents : parmi beaucoup de vanités, il y a d'admissibles orgueils auxquels on ne peut refuser le droit de se créer ses normes personnelles. M. Huysmans est de ceux-là : il ne fait plus de romans, il fait des livres, et il les conçoit selon un agencement original ; je crois que c'est une des causes pour quoi quelques-uns contestent encore sa littérature et la trouvent immorale. Ce dernier point est facile à expliquer d'un seul mot : pour le non-artiste, l'art est toujours immoral. Dès que l'on veut, par exemple, traduire en une langue nouvelle les relations des sexes, on est immoral parce que, fatalement, l'on fait voir des actes, qui, traités par les ordinaires procédés, demeureraient inaperçus, perdus dans le brouillard des lieux communs. C'est ainsi qu'un écrivain nullement érotique peut être, par des sots ou par des malveillants, accusé devant le public de stupides attentats. Il ne semble pas, cependant, que les faits d'amour ou plutôt d'aberration génésique rapportés dans *Là-Bas* soient bien alléchants pour la simplicité des ignorances virginales. Ce livre donne plutôt le dégoût ou l'horreur de la sensualité qu'il n'invite à des expériences folles ou même à des jonctions permises. L'immoralité, si l'on se place à un point de vue particulier et spécialement religieux, ne serait-ce pas au contraire d'insister sur les exquisités de l'amour charnel et de vanter les délices de la copulation légitime ? L'immoralité absolue, pour les mystiques, c'est la joie de vivre.

Le moyen âge ne connut pas nos hypocrisies. Il n'ignora rien des éternelles turpitudes, mais, dit Ozanam, il sut les haïr. Il n'usa ni de nos ménagements, ni de nos délicatesses; il publia les vices, il les sculpta sur les porches de ses cathédrales et dans les strophes de ses poètes ; il eut moins souci de ne pas effaroucher les timoraisons des âmes mômières que de fendre les robes et montrer à l'homme, pour lui faire honte, toutes les laideurs de sa basse animalité. Mais il ne roule pas la brute dans son vice; il l'agenouille et lui fait relever la tête. M. Huysmans a compris tout cela, et c'était difficile à conquérir. Après les horreurs de la débauche satanique, avant la punition terrestre, il a, comme le noble peuple en larmes qu'il évoque, pardonné même au plus effrayant des massacreurs d'enfants, au sadique le plus turpide, à l'orgueilleux le plus monstrueusement fou qui fut jamais.

Ayant absous un tel homme, il put sans pharisaïsme s'absoudre lui-même et, avec l'aide de Dieu, quelques secours plus humbles et tout fraternels, de bonnes lectures, la fréquentation des douces chapelles conventuelles, M. Huysmans un jour se trouva converti — au mysticisme, et écrivit *En Route*, ce livre pareil à une statue de pierre qui tout à coup se mettrait à pleurer. C'est du mysticisme un peu rauque et un peu dur, mais M. Huysmans est dur, comme ses phrases, comme ses épithètes, comme ses adverbes. Le mysticisme lui est entré plus avant dans l'œil que dans l'âme. Il observa les faits religieux avec la peur d'en être dupe et l'espoir qu'ils seraient absurdes; il a été pris dans les mailles mêmes du *credo-quia-absurdum*, — victime heureuse de sa curiosité.

Maintenant, fatigué d'avoir regardé les visages hypocrites des hommes, il regarde des pierres, préparant un livre suprême sur « La Cathédrale ». Là, s'il s'agit de sentir et de comprendre, il s'agit surtout de voir. Il verra comme personne n'a vu, car nul n'a jamais été doué d'un regard aussi aigu, aussi vrillant, aussi net, aussi adroit à s'insinuer jusque dans les replis des visages, des rosaces et des masques.

Huysmans est un œil.

JULES LAFORGUE

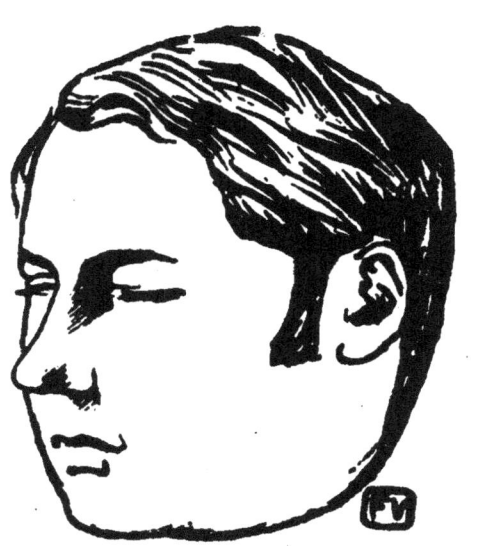

JULES LAFORGUE

Il y a dans les *Fleurs de bonne Volonté* une petite complainte, comme d'autres, appelée *Dimanches* :

Le ciel pleut sans but, sans que rien l'émeuve,
Il pleut, il pleut, bergère ! sur le fleuve...

Le fleuve a son repos dominical ;
Pas un chaland, en amont, en aval.

Les vêpres carillonnent sur la ville,
Les berges sont désertes, sans une île.

Passe un pensionnat, ô pauvres chairs !
Plusieurs ont déjà leurs manchons d'hiver.

Une qui n'a ni manchon ni fourrure
Fait tout en gris une bien pauvre figure ;

Et la voilà qui s'échappe des rangs
Et court : ô mon Dieu, qu'est-ce qui lui prend ?

Elle va se jeter dans le fleuve.
Pas un batelier, pas un chien de Terre-Neuve...

Et voilà bien, et prophétisée, la mort brusque et absurde, la vie de Laforgue. Il avait trop froid au cœur ; il s'est en allé.

C'était un esprit doué de tous les dons et riche d'acquisitions importantes. Son génie naturel fait de sensibilité, d'ironie, d'imagination et de clairvoyance, il avait voulu le nourrir de connaissances positives, de toutes les philosophies, de toutes les littératures, de toutes les images de nature et d'art ; et même les dernières vues de la science semblent lui avoir été familières. C'était le génie orné et flamboyant, prêt à construire des architectures infiniment diverses et belles, à élever très haut des ogives nouvelles et des dômes inconnus ; mais il avait oublié son manchon d'hiver et il mourut de froid, un jour de neige.

C'est pourquoi son œuvre, déjà magnifique, n'est que le prélude d'un oratorio achevé dans le silence.

De ses vers beaucoup sont comme roussis par une glaciale affectation de naïveté, parler d'enfant trop chéri, de petite fille trop écoutée, — mais signe aussi d'un vrai besoin d'affection et d'une pure douceur de cœur, —

adolescent de génie qui eût voulu encore poser sur les genoux de sa mère son « front équatorial, serre d'anomalies » ; — mais beaucoup ont la beauté des topazes flambées, la mélancolie des opales, la fraîcheur des pierres de lune, et telles pages, celle qui commence ainsi :

> Noire bise, averse glapissante
> Et fleuve noir, et maisons closes...

ont la grâce triste, mais tout de même consolante, des aveux éternels : l'éternellement la même chose, Laforgue la redit en tel mode qu'elle semble rêvée et avouée pour la première fois (1). Et je songe que ce qu'il faut demander aux traducteurs du rêve c'est, non pas de vouloir fixer pour toujours la fugacité d'une pensée ou d'un air, mais de chanter la chanson de l'heure présente avec tant de force candide qu'elle soit la seule que nous entendions, la seule que nous puissions comprendre. Il faudrait peut-être, à la fin, devenir raisonnables, nous réjouir du présent et des fleurs nou-

---

(1) On lira avec plaisir sur Jules Laforgue l'étude éloquente et de si profonde sympathie écrite récemment par M. Camille Mauclair.

velles, sans souci, sinon de botaniste, des prairies fanées. Chaque époque de pensée, d'art et de sentiment devrait jouir de soi-même, profondément, et se coucher sur le monde avec l'égoïsme et la langueur d'un lac superbe qui, souriant aux ruisseaux anciens, les reçoit, les calme, et les boit.

Il n'y eut pas de présent pour Laforgue, sinon parmi un groupe d'amis : il mourut comme allaient naître ses *Moralités Légendaires*, mais offertes encore au petit nombre, et à peine put-il savoir de quelques bouches que ces pages le vouaient inévitablement à vivre, de la vie de gloire, parmi ceux que les Dieux créèrent à leur image, dieux aussi et créateurs. C'est de la littérature entièrement renouvelée et inattendue, et qui déconcerte et qui donne la sensation curieuse (et surtout rare) qu'on n'a jamais rien lu de pareil ; la grappe avec tout son velouté dans la lumière matinale, mais des reflets singuliers et un air comme si les grains du raisin avaient été gelés en dedans par un souffle de vent ironique venu de plus loin que le pôle.

Sur un exemplaire de *l'Imitation de Notre-*

Dame la Lune, offert à M. Bourget (et jeté depuis parmi les vieux papiers du quai) Laforgue écrivait : « Ceci n'est qu'un *intermezzo*. Attendez donc encore, je vous prie, et donnez-moi jusqu'à mon prochain livre... » ; — mais il était de ceux qui s'attendent toujours eux-mêmes au prochain livre, des nobles insatisfaits qui ont trop à dire pour jamais croire qu'ils ont dit autre chose que des prolégomènes et des préfaces. Si son œuvre interrompue n'est qu'une préface, elle est de celles qui contrebalancent une œuvre.

JEAN MORÉAS

JEAN MORÉAS

M. Raymond de la Tailhède glorifie ainsi M. Moréas :

Tout un silence d'or vibrant s'est abattu,
Près des sources que des satyres ont troublées,
Claire merveille éclose au profond des vallées,
Si l'oiselet chanteur du bocage s'est tu.

Oubli de flûte, heures de rêves sans alarmes,
Où tu as su trouver pour ton sang amoureux
La douceur d'habiter un séjour odoreux
De roses dont les dieux sylvains te font des armes.

Là tu vas composant ces beaux livres, honneur
Du langage français et de la noble Athènes.

Ces vers sont *romans*, c'est-à-dire d'un poète pour qui toute la période romantique n'est qu'une nuit de sabbat où s'agitent de sonores et vains gnomes, d'un poète (celui-ci a du talent) qui concentre tout son effort à imiter les Grecs d'anthologie à travers Ronsard et à dérober à Ronsard le secret de sa phrase laborieuse, de ses épithètes botaniques et de son rythme malingre. Quant à ce qu'il y a d'exquis en Ronsard, comme ce peu a passé dans la tradition et dans les mémoires, l'École romane le doit négliger sous peine d'avoir perdu bientôt ce qui seul fait son originalité. Il y a on ne sait quoi de provincial, de pas au courant de la vie, de retardataire dans ce souci d'imitation et de restauration. Quelque part, M. Moréas chante la louange

De ce Sophocle, honneur de la Ferté-Milon (1),

et c'est bien cela : l'École romane a toujours l'air d'arriver de la Ferté-Milon.

Mais Jean Moréas, qui a rencontré ses amis

---

(1) Après avoir compulsé des dictionnaires et des manuels, je ne voyais de possibles Sophocles que les deux Robert Garnier, nés à la Ferté-Bernard, quand je songeai à Racine. M. Moréas ne comprendra jamais combien il est ridicule d'appeler Racine le Sophocle de la Ferté-Milon.

en chemin, parti de plus loin, s'annonce plus fièrement.

Venu à Paris comme tout autre étudiant valaque ou levantin, et déjà plein d'amour pour la langue française, M. Moréas se mit à l'école des vieux poètes et fréquenta jusqu'à Jacot de Forest et jusqu'à Benoît de Sainte-Maure. Il voulut faire le chemin auquel devrait se vouer tout jeune sage ambitieux de devenir un bon harpeur ; il jura d'accomplir le plein pèlerinage : à cette heure, parti de la *Chanson de Saint-Léger*, il en est, dit-on, arrivé au XVIIe siècle, et cela en moins de dix années : ce n'est pas si décourageant qu'on l'a cru. Et maintenant que les textes se font plus familiers, la route s'abrège : d'ici peu de haltes, M. Moréas campera sous le vieux chêne Hugo et, s'il persévère, nous le verrons atteindre le but de son voyage, qui est, sans doute, de se rejoindre lui-même. Alors, rejetant le bâton souvent changé, coupé en des taillis si divers, il s'appuiera sur son propre génie et nous le pourrons juger, si cela nous amuse, avec une certaine sécurité.

Tout ce qu'il faut dire aujourd'hui, c'est que M. Moréas aime passionnément la langue et la poésie françaises et que les deux sœurs au cœur hautain lui ont plus d'une fois souri, contentes de voir sur leurs pas un pèlerin si patient et un chevalier armé de tant de bonne volonté.

> Cavalcando l'altrjer per un cammino,
> Pensoso 'dell' andar che mi sgradia,
> Trovai Amor in mezzo della via
> In abito legger di pellegrino.

Ainsi s'en va M. Moréas, tout attentif, tout amoureux et « en habit léger de pèlerin ». Lorsqu'il appela un de ses poèmes *le Pèlerin passionné*, il donna de lui-même, et de son rôle, et de ses jeux parmi nous, une idée excellente et d'un symbolisme très raisonnable.

Il y a de belles choses dans ce *Pèlerin*, il y en a de belles dans *les Syrtes*, il y en a d'admirables ou de délicieuses et que (pour ma part) je relirai toujours avec joie, dans *les Cantilènes*, mais puisque M. Moréas, ayant changé de manière, répudie ces primitives œuvres, je n'insisterai pas. Il reste *Ériphyle*, mince recueil fait d'un poème et de quatre « sylves », le tout dans le goût de la Renaissance et destiné à être le cahier d'exemples où les jeunes « Romans », aiguillonnés aussi par les invectives un peu intempérantes de M. Charles Maurras, doivent étudier l'art classique de faire difficilement des vers faciles. En voici une page :

Astre brillant, Phébé aux ailes étendues,
O flamme de la nuit qui croîs et diminues,
Favorise la route et les sombres forêts
Où mon ami errant porte ses pas discrets !
Dans la grotte au vain bruit dont l'entrée est tout
[lierre,
Sur la roche pointue aux chèvres familière,
Sur le lac, sur l'étang, sur leurs tranquilles eaux,
Sur les bords émaillés où plaignent les roseaux,
Dans le cristal rompu des ruisselets obliques,
Il aime à voir trembler tes feux mélancoliques.
. . . .
Phébé, ô Cynthia, dès sa saison première,
Mon ami fut épris de ta belle lumière ;
Dans leur cercle observant tes visages divers,
Sous ta douce influence il composait ses vers.
Par dessus Nice, Eryx, Seyre et la sablonneuse
Ioclos, le Tmolus et la grande Epidaure,
Et la verte Cydon, sa piété honore
Ce rocher de Latmos où tu fus amoureuse.

M. Moréas a beau, comme sa Phébé, prendre des visages divers et même couvrir sa face de masques, on le reconnaît toujours entre ses frères : c'est un poète.

STUART MERRILL

STUART MERRILL

La logique d'un amateur de littérature est blessée s'il découvre que ses admirations ne concordent pas avec celles du public, mais il n'est pas surpris, il sait qu'il y a des élus de la dernière heure. L'attitude du public est moins bénigne lorsqu'on l'entretient du désaccord qui s'observe entre lui, public, maître obscur des gloires, et l'opinion du petit nombre oligarchique : habitué à accoupler ces deux idées, renommée et talent, il montre de la répugnance à les disjoindre ; il n'admet pas, car il a un sens secret de la justice ou de la logique, qu'un auteur illustre ne le soit que par hasard, ou qu'un auteur obscur mérite la lumière. Il y a là un malentendu, vieux sans doute des six mille ans d'âge que La Bruyère donnait à la pensée humaine; et, ce malentendu, basé sur un raisonnement très logique et très solide, nargue du haut de son socle tous les essais de conciliation. Pour en finir, il faut se borner à de timides insinuations philosophiques et demander si vraiment nous connaissons la « chose en soi », s'il n'y a pas une certaine petite différence inévitable entre l'objet de la connaissance et la connaissance de l'objet ? Sur ce terrain-là, comme on se comprendra moins, l'accord sera plus facile et ensuite l'on admettra volontiers la légitime différence des opinions, puisqu'il s'agit non de capter la Vérité — ce reflet de lune dans un puits, — mais de mesurer par approximation, comme on fait pour les étoiles, la distance ou la différence qu'il y a entre le génie d'un poète et l'idée que nous en avons.

S'il fallait, ce qui est bien inutile, s'exprimer plus clairement, on dirait que, de l'avis de quelques-uns, qui en valent peut-être beaucoup d'autres, toute l'histoire littéraire n'est, rédigée par des professeurs selon des vues éducatives, qu'un amas de jugements presque tous à casser et que, en particulier, les histoires de la littérature française ne sont que le banal catalogue des applaudissements et des couronnes échus aux plus habiles ou aux plus heureux. Il est peut-être temps d'adopter une autre méthode et de donner, parmi les gens célèbres, une place à ceux qui auraient pu l'être — si la neige n'était tombée le jour qu'ils publièrent la gloire du printemps nouveau.

M. Stuart Merrill et M. Saint-Pol-Roux sont de ceux que la neige contraria. Si le public connaît leurs noms moins que tels autres, ce n'est pas qu'ils aient moins de mérite, c'est qu'ils eurent moins de bonheur.

Le poète des *Fastes* dit, par le choix seul de ce mot, la belle franchise d'une âme riche et d'un talent généreux. Ses vers, un peu dorés, un peu bruyants, éclatent et sonnent vraiment pour des jours de fête et de fastueuses parades, et quand les jeux du soleil s'éteignent, voici des torches allumées dans la nuit pour éclairer le somptueux cortège des femmes surnaturelles. Femmes ou poèmes, elles sont parées, sans doute, de trop de bagues et de trop de rubacelles et leurs robes sont brodées de trop d'or ;

ce sont des courtisanes royales plutôt que des princesses, mais on aime leurs yeux cruels et leurs cheveux roux.

Après de si éclatantes trompettes, les *Petits Poèmes d'Automne*, le bruit du rouet, un son de cloche, un air de flûte dans un ton de clair de lune : c'est l'assoupissement et le rêve attristé par le silence des choses et l'incertitude des heures :

> C'est le vent d'automne dans l'allée,
> Sœur, écoute, et la chute sur l'eau
> Des feuilles du saule et du bouleau,
> Et c'est le givre dans la vallée,
>
> Dénoue — il est l'heure — tes cheveux
> Plus blonds que le chanvre que tu files...
>
> Et viens, pareille à ces châtelaines
> Dolentes à qui tu fais songer,
> Dans le silence où meurt ton léger
> Rouet, ô ma sœur des marjolaines !

Et ainsi, en M. Stuart Merrill on découvre le contraste et la lutte d'un tempérament fougueux et d'un cœur très doux, et selon que l'emporte l'une des deux natures, on entend la violence des cuivres ou le murmure des violes. Pareillement sa technique oscille, des *Gammes* à ses derniers poèmes, de la raideur parnassienne au *verso suelto* des nouvelles écoles et que seuls n'admettent pas encore les sénateurs de l'art. Le vers libre, qui favorise les talents originaux et qui est l'écueil des autres, devait séduire un poète aussi bien doué et une intelligence aussi novatrice ; voici comment il le comprend :

[mains,
Venez avec des couronnes de primevères dans vos
O fillettes qui pleurez la sœur morte à l'aurore.
Les cloches de la vallée sonnent la fin d'un sort,
Et l'on voit luire des pelles au soleil du matin.

Venez avec des corbeilles de violettes, ô fillettes
Qui hésitez un peu dans le chemin des hêtres,
Par crainte des paroles solennelles du prêtre.
Venez, le ciel est tout sonore d'invisibles alouettes...

C'est la fête de la mort, et l'on dirait dimanche,
Tant les cloches sonnent, douces au fond de la vallée ;
Les garçons se sont cachés dans les petites allées ;
Vous seules devez prier au pied de la tombe blanche...

Quelque année, les garçons qui se cachent aujourd'hui
Viendront vous dire à toutes la douce douleur d'aimer,
Et l'on vous entendra, autour du mât de mai,
Chanter des rondes d'enfance pour saluer la nuit.

M. Stuart Merrill ne s'est pas embarqué en vain, le jour qu'il voulut traverser les Atlantiques, pour venir courtiser la fière poésie française et lui planter une fleur dans les cheveux.

SAINT-POL-ROUX

SAINT-POL-ROUX

L'un des plus féconds et des plus étonnants inventeurs d'images et de métaphores. Pour trouver des expressions nouvelles, M. Huysmans matérialise le spirituel et l'intellectuel, ce qui donne à son style une précision un peu lourde et une clarté assez factice : des *âmes cariées* (comme des dents) et des *cœurs lézardés* (comme un vieux mur) ; c'est pittoresque et rien de plus. Le procédé inverse est plus conforme au vieux goût des hommes de prêter aux choses de vagues sentiments et une obscure conscience ; il reste fidèle à la tradition panthéiste et animiste, sans laquelle il n'y aurait de possible ni art ni poésie : c'est la profonde source où viennent se remplir toutes les autres, eau pure que le moindre soleil transforme en pierreries vivantes comme les colliers des fées. D'autres « métaphoristes », tel M. Jules Renard, se risquent à chercher l'image soit dans une vision réformatrice, un détail séparé de l'ensemble devenant la chose même, soit dans une transposition et une exagération des métaphores en usage (1) ; enfin, il y a la méthode analogique selon laquelle, sans que nous y coopérions volontairement, se modifie chaque jour la signification des mots usuels. M. Saint-Pol-Roux amalgame tous ces procédés et les fait tous concourir à la fabrication d'images qui, si elles sont toutes nouvelles, ne sont pas toutes belles. On en dresserait un catalogue ou un dictionnaire :

Sage-femme de la lumière *veut dire*: le coq.
Lendemain de chenille en
   tenue de bal . . . .   — papillon.
Péché-qui-tette . . . .   — enfant naturel.
Quenouille vivante. . . . .   — mouton.
La nageoire des charrues .   — le soc.
Guêpe au dard de fouet. .   — la diligence.

(1) Dire, par exemple, *joue en fruit*, parce que l'on dit une *joue en fleur*, pour vermeille. Cf. Alfred Vallette, *Notes d'esthétique : Jules Renard* (MERCURE DE FRANCE, t. VIII, p. 161).

Mamelle de cristal	*veut dire* :	une carafe.
Le crabe des mains	—	main ouverte.
Lettre de faire part	—	une pie.
Cimetière qui a des ailes.	—	un vol de corbeaux
Romance pour narine. . .	—	le parfum des fleurs
Le ver à soie des cheminées	—	?
Apprivoiser la mâchoire cariée de bémols d'une tarasque moderne.. . . .	—	jouer du piano.
Hargneuse breloque du portail.	—	chien de garde.
Limousine blasphémante .	—	roulier.
Psalmodier l'alexandrin de bronze.	—	sonner minuit.
Cognac du père Adam. . .	—	le grand air pur.
L'imagerie qui ne se voit que les yeux clos	—	les rêves.
L'oméga.	—	*en grec* πυγή
Feuilles de salade vivante .	—	les grenouilles.
Les bavard s vertes	—	les grenouilles.
Coquelicot sonore	—	chant du coq.

Le plus distrait, ayant lu cette liste jugera que M. Saint-Pol-Roux est doué d'une imagination et d'un mauvais goût également exubérants. Si toutes ces images, dont quelques-unes sont ingénieuses, se suivaient à la file vers *les Reposoirs de la Procession* où les mène le poète, la lecture d'une telle œuvre serait difficile et le sourire viendrait trop souvent tempérer l'émotion esthétique ; mais semées çà et là, elles ne font que des taches et ne brisent pas toujours l'harmonie de poèmes richement colorés, ingénieux et graves. *Le Pèlerinage de Sainte-Anne*, écrit tout entier en images, est pur de toute souillure et les métaphores, comme le voulait Théophile Gautier, s'y déroulent multiples, mais logiques et liées entre elles : c'est le type et la merveille du poème en prose rythmée et assonnancée. Dans le même tome, le *Nocturne* dédié à M. Huysmans n'est qu'un vain chapelet d'incohérentes catachrèses : les idées y sont dévorées par une troupe affreuse de bêtes. Mais l'*Autopsie de la Vieille fille*, malgré une faute de ton, mais *Calvaire immémorial*, mais l'*Ame saisissable* sont des chefs-d'œuvre. M. Saint-Pol-Roux joue d'une cithare dont les cordes sont parfois trop tendues : il suffirait d'un tour de clef pour que nos oreilles soient toujours profondément réjouies.

ROBERT DE MONTESQUIOU

ROBERT DE MONTESQUIOU

Au premier envol de ses *Chauves-souris* en velours violet, la question fut très sérieusement posée de savoir si M. de Montesquiou était un poète ou un amateur de poésie et si la vie mondaine se pouvait concilier avec le culte des Neuf Sœurs ou de l'une d'elles, car neuf femmes font beaucoup de femmes. Mais disserter sur de tels propos, c'est avouer que l'on n'est pas familier avec l'opération de logique qui s'appelle la dissociation des idées, car il semble de justice élémentaire d'évaluer séparément la valeur ou la beauté de l'arbre et de ses fruits, de l'homme et de ses œuvres. Si l'on veut, joyau ou caillou, le livre sera jugé en soi, sans souci de la mine, de la carrière ou du torrent dont il sort, et le diamant ne changera pas de nom, qu'il vienne du Cap ou de Golconde. La vie sociale d'un poète importe aussi peu au critique qu'à Polymnie elle-même, qui accueille en son cercle, indifféremment, le paysan Burns et le patricien Byron, Villon le coupeur de bourses et Frédéric II, le roi : l'armorial de l'Art et celui d'Hozier ne se rédigent pas du même style.

Donc nous ne nous inquiéterons pas de démêler le lin de cette quenouille ni de rechercher ce que le nom de M. de Montesquiou et son état d'homme du monde ont pu ajouter d'illusoire à la renommée du poète.

Le poète, ici, est « une Précieuse ».

Vraiment si ridicules ces femmes qui, pour se mettre au ton de plusieurs fins et galants poètes, imaginaient de nouvelles façons de dire et, par haine du commun, singularisaient leur esprit, leurs costumes et leurs gestes ? Leur crime, après tout, fut de ne pas vouloir « faire comme tout le monde » et il semble qu'elles l'aient assez payé cher, elles — et toute la poésie française qui, pendant un siècle et demi, craignit vraiment trop le ridicule. Les poètes sont enfin délivrés de telles affres; tous les jours davantage il leur est permis d'avouer toute leur originalité; loin de leur défendre de se mettre à nu, la critique les encourage à l'habit sommaire et franc du gymnosophiste : seulement quelques-uns le portent tatoué.

Et voici enfin la vraie querelle à faire à M. de Montesquiou : son originalité est tatouée excessivement. La beauté de cet aède rappelle, non sans mélancolie, les figurations compliquées dont se voulaient ornementés les anciens chefs australiens, mais en vérité il se pare avec un art moins ingénu; il y a même un raffinement singulier dans les nuances et dans le dessin et des hardiesses amusantes de ton et de lignes. Il réussit l'arabesque mieux que la figure et la sensation mieux que la pensée. S'il pense, c'est comme les Japonais, par des signes idéographiques :

Poisson, grue, aigle, fleur, bambou qu'un oiseau
Tortue, iris, pivoine, anémone et moineaux. [ploie.

Il aime ces juxtapositions de mots, et quand il les choisit, comme ceux-là, doux et vivants, le paysage qu'il veut s'évoque assez agréablement, mais souvent on ne voit, se découpant sur un ciel artificiel, que des formes inconnues et dures, des processions de larves carnavalesques. Ou bien, femmes, fillettes, oiseaux, ce sont des bibelots déformés par une fantaisie trop orientale ; bibelots et babioles :

> Je voudrais que ce vers fût un bibelot d'art,

dit l'esthétique de M. de Montesquiou, mais le bibelot n'est qu'une chose amusante et fragile à mettre sous une vitrine ou dans une armoire, — oui, plutôt dans une armoire. Alors, allégé de toute cette rocaille, de toutes ces laques, de toutes ces pâtes tendres et, comme lui-même le dit spirituellement, de tous ces « infusoires d'étagères », le musée du poète deviendrait un agréable promenoir, où l'on rêverait avec plaisir devant les multiples métamorphoses d'une âme inquiète de donner à la beauté une grâce neuve et nuancée. Avec la moitié des *Hortensias bleus*, on ferait un tome, encore très dense, qui serait presque tout entier de fine ou de fière ou de douce poésie. L'auteur d'*Ancilla*, de *Mortuis ignotis* et de *Tables vives* apparaîtrait ce qu'il est vraiment, hors de tout travesti, — un bon poète.

Voici une partie de *Tables vives*, dont le titre

est obscur, mais dont les vers sont de belle clarté, malgré le son trop connu de quelques rimes trop parnassiennes et quelques incertitudes verbales :

... Apprenez à l'enfant à prier les flots bleus,
Car c'est le ciel d'en bas dont la nue est l'écume,
Le reflet du soleil qui sur la mer s'allume
Est plus doux à fixer pour nos yeux nébuleux.

Apprenez à l'enfant à prier le ciel pur,
C'est l'océan d'en haut dont la vague est nuage.
L'ombre d'une tempête abondante en naufrage
Pour nos cœurs est moins triste à suivre dans l'azur.

Apprenez à l'enfant à prier toutes choses :
L'abeille de l'esprit compose un miel de jour
Sur les vivants *ave* du rosaire des roses,
Chapelet de parfums aux dizaines d'amour...

En somme, M. de Montesquiou existe : hortensia bleu, rose verte ou pivoine blanche, il est de ces fleurs qu'on regarde avec curiosité dans un parterre, dont on demande le nom et dont on garde le souvenir.

GUSTAVE KAHN

GUSTAVE KAHN

Domaine de Fée, un Cantique des cantiques récité par une voix seule, très douce et très amoureuse, dans un décor verlainen, — ô éternel Verlaine !

> O bel avril épanoui,
> Qu'importe ta chanson franche,
> Tes lilas blancs, tes aubépines et l'or fleuri
> De ton soleil par les branches,
> Si loin de moi la bien-aimée
> Dans les brumes du nord est restée.

Voilà le ton. C'est très simple, très délicat, très pur et parfois biblique :

> J'étais allé jusqu'au fond du jardin,
> Quand dans la nuit une invisible main
> Me terrassa plus forte que moi —
> Une voix me dit : C'est pour ta joie.

Dilectus meus descendit in hortum... mais ici le poète, aussi chaste, est moins sensuel : l'oriental a revêtu comme un surplis une âme d'Occident, et s'il cultive encore des lys dans son jardin clos, des grands lys blancs, il s'est instruit au plaisir de s'en aller, par de secrets sentiers connus des fées « qui rient sans bruit dans la forêt », cueillir les liserons, les genêts,

Et les fleurettes aventurières le long des haies.

Ce poème de xxiv feuillets est sans doute le plus délicieux livret de vers d'amour qui nous fut donné depuis les *Fêtes Galantes* et avec les *Chansons d'amant* les seuls vers peut-être de ces dernières années où le sentiment ose s'avouer en toute candeur, avec la grâce parfaite et touchante de la divine sincérité. S'il reste encore, en quelques-unes des pages, un peu de rhétorique, c'est que M. Kahn, même aux pieds de la Sulamite, n'a pas renoncé à nous surprendre par une adresse toujours neuve de jongleur et de virtuose, et s'il traite parfois la langue française en tyran, c'est qu'elle a toujours eu pour lui des complaisances d'esclave. Il abuse un peu de son pouvoir, donnant à tels mots des significations trop d'à côté, pliant les phrases à une syntaxe trop sommaire, mais ce sont de mauvaises habitudes qui ne lui sont pas exclusivement personnelles; il n'emprunte à nul sa science du rythme et sa maîtrise à manier le vers rénové.

M. Kahn fut-il le premier? A qui doit-on le vers libre? A Rimbaud, dont les *Illuminations* parurent dans la *Vogue* en 1886, à Laforgue qui à la même époque, dans la même précieuse petite revue — que dirigeait M. Kahn — publiait *Légende* et *Solo de lune*, et, enfin, à M. Kahn lui-même; dès lors il écrivait :

Voici l'allégresse des âmes d'automne,
La ville s'évapore en illusions proches,
Voici se voiler de violet et d'orangé les porches
De la nuit sans lune
Princesse, qu'as-tu fait de ta tiare orfévrée ?

—, et surtout à Walt Whitman, dont on commençait alors à goûter la licence majestueuse.

Cette minuscule *Vogue*, qui, aujourd'hui, se vend au prix des parchemins à miniatures, qu'elle fut lue sous les galeries de l'Odéon, et avec quelle joie! par de timides jeunes gens enivrés de l'odeur de nouveau qui sortait des pâles petites pages !

Le dernier recueil de M. Kahn, *la Pluie et le Beau temps*, n'a pas modifié l'opinion que l'on a de son talent et de son originalité : il y demeure égal à lui-même avec ses deux tendances, ici moins bien d'accord, au sentiment et au pittoresque, très visibles si l'on compare avec *Image*, si dolent cantique,

> O Jésus couronné de ronces,
> Qui saigne en tous cœurs meurtris,

le *Dialogue de Zélande*,

> Bonjour mynher, bonjour myffrau,

joli et doux comme telle vieille estampe d'almanach. Voici, dans le ton moyen, un lied qui est vraiment sans défaut :

L'heure du nuage blanc s'est fondue sur la plaine
    En reflets de sang, en flocons de laine,
  O bruyères roses, ô ciel couleur de sang.

L'heure du nuage d'or a pâli sur la plaine,
Et tombent des voiles lents et longs de blanche laine,
O bruyères mauves — ô ciel couleur de sang.

L'heure du nuage d'or a crevé sur la plaine,
Les roseaux chantaient doux sous le vent de haine,
O bruyères rouges — ô ciel couleur de sang.

L'heure du nuage d'or a passé sur la plaine
Éphémèrement : sa splendeur est lointaine.
O bruyère d'or — ô ciel couleur de sang.

Des mots, des mots ! Sans doute, mais bien choisis et mêlés avec art. M. Kahn est avant tout un artiste : il est quelquefois davantage.

PAUL VERLAINE

PAUL VERLAINE

M. Gaston Boissier, en couronnant (touchante coutume) un poète quinquagénaire, le félicitait de n'avoir pas innové, d'avoir exprimé des idées ordinaires en un style facile, de s'être conformé avec scrupule aux lois traditionnelles de la poétique française. Ne pourrait-on rédiger une histoire de notre littérature en négligeant les novateurs? Ronsard serait remplacé par Ponthus de Thyard, Corneille par son frère, Racine par Campistron, Lamartine par M. de Laprade, Victor Hugo par M. Ponsard et Verlaine par M. Aicard; ce serait plus encourageant, plus académique et peut-être plus mondain, car, en France, le génie semble toujours un peu ridicule.

Verlaine est une nature, et tel, indéfinissable. Comme sa vie, les rythmes qu'il aime sont des lignes brisées ou enroulées ; il acheva de désarticuler le vers romantique et, l'ayant rendu informe, l'ayant troué et décousu pour y vouloir faire entrer trop de choses, toutes les effervescences qui sortaient de son crâne fou, il fut, sans le vouloir, un des instigateurs du vers libre. Le vers verlainien à rejets, à incidences, à parenthèses, devait naturellement devenir le vers libre ; en devenant « libre » il n'a fait que régulariser un état.

Sans talent et sans conscience, nul ne représenta sans doute aussi divinement que Verlaine le génie pur et simple de l'animal humain sous ses deux formes humaines : le don du verbe et le don des larmes.

Quand le don du verbe l'abandonne, et qu'en même temps le don des larmes lui est enlevé, il devient ou l'iambiste tapageur et grossier d'*Invectives* ou l'humble et gauche élégiaque de *Chansons pour Elle*. Poëte, par ses dons mêmes, voué à ne dire heureusement que l'amour, tous les amours, et d'abord celui dont les lèvres ne s'inclinent qu'en rêve sur les étoiles de la robe purificatrice, celui qui fit les *Amies* fit des cantiques de mois de Marie : et du même cœur, de la même main, du même génie, mais qui les chantera, ô hypocrites ! sinon ces mêmes Amies, ce jour-là blanches et voilées de blanc ?

Avouer ses péchés d'action ou de rêve n'est pas un péché ; nulle confession publique ne peut scandaliser un homme car tous les hommes sont pareils et pareillement tentés ; nul ne commet un crime dont son frère ne soit capable. C'est pourquoi les journaux pieux ou d'académie assumèrent en vain la honte d'avoir injurié Verlaine, encore sous les fleurs ; le coup de pied du sacristain et celui du cuistre se brisèrent sur un socle déjà de granit, pendant que dans sa barbe de marbre, Verlaine souriait à l'infini, l'air d'un Faune qui écoute sonner les cloches.

BIBLIOGRAPHIE

BIBLIOGRAPHIE

Paul Adam (1862). — *Chair molle*, 1885 ; — *Soi*, 1885 ; — *Le Thé chez Miranda*, 1886 ; — *Les Demoiselles Goubert*, 1887 ; — *La Glèbe*, 1887 ; — *Être*, 1888 ; — *En Décor*, 1890 ; — *Essence de Soleil*, 1890 ; — *Robes rouges*, 1891 ; — *Le Vice filial*, 1892 ; — *Les Cœurs utiles*, 1892 ; — *Princesses Byzantines*, 1893 ; — *Les Images sentimentales*, 1893 ; — *Critique des mœurs*, 1893 ; — *Le Conte futur*, 1894 ; — *L'Automne*, 1894 ; — *La Parade amoureuse*, 1894 ; — *Le Mystère des Foules*, 1895 ; — *La Force du mal*, 1896 ; — *Le Cuivre*, 1896 ; — *Les Cœurs nouveaux*, 1896.

Tristan Corbière (1845-1875). — *Les Amours jaunes*, 1873 ; 2ᵉ éd., 1891.

Louis Dumur (1863). — *La Néva,* 1890 ; — *Albert,* 1890 ; — *Lassitudes,* 1891 ; — *La Motte de terre,* 1895 ; — *La Nébuleuse,* 1895 ; — *Rembrandt,* 1896 ; — *Pauline ou la liberté de l'Amour,* 1896.

Georges Eekhoud (1854). — *Kees Doorik,* 1882 ; — *Kermesses,* 1883 ; — *Les Milices de Saint-François,* 1886 ; — *Nouvelles Kermesses,* 1887 ; — *La Nouvelle Carthage,* 1888 ; — *Les Fusillés de Malines,* 1891 ; — *Cycle patibulaire,* 1892 ; 2⁰ éd. 1896 ; — *Au siècle de Shakespeare,* 1893 ; — *Mes Communions,* 1895 ; — *Philaster,* 1895.

André Gide (1869). — *Les Cahiers d'André Walter,* 1891 ; — *Les Poésies d'André Walter,* 1892 ; — *Le Traité de Narcisse,* 1892 ; — *Le Voyage d'Urien,* 1893 ; — *La Tentative amoureuse,* 1894 ; — *Paludes,* 1895.

A.-Ferdinand Herold (1865). — *L'Exil de Harini,* 1888 ; — *La Légende de Sainte Liberata,* 1889 ; — *Les Pæans et les Thrènes,* 1890 ; — *La Joie de Maguelonne,* 1891 ; — *Chevaleries sentimentales,* 1893 ; — *Floriane et Persigant,* 1894 ; — *L'Upanishad du grand Aranyaka,* 1894 ; — *Paphnutius, de Hrotsvitha,* 1895 ; — *L'Anneau de Cakuntalâ, de Kalidasa,* 1896 ; — *Le Livre de la Naissance, de la Vie et de la Mort de la Bienheureuse Vierge Marie,* 1896.

J.-K. Huysmans (1848). — *Le Drageoir à épices,* 1874 ; — *Marthe,* 1876 ; — *Les Sœurs Vatard,*

1879 ; — *Croquis Parisiens*, 1880 ; — *En Ménage*, 1881 ; — *A Vau-l'Eau*, 1882 ; — *L'Art moderne*, 1883 ; — *A Rebours*, 1884 ; — *En Rade*, 1887 ; — *Certains*, 1889 ; — *La Bièvre*, 1890 ; — *Là-Bas*, 1891 ; — *En Route*, 1895 ; — *Sac au dos* (dans les *Soirées de Médan*), 1880 ; — *Pierrot sceptique* (avec Léon Hennique), 1881.

Gustave Kahn (1859). — *Les Palais nomades*, 1887 ; — *Chansons d'amant*, 1891 ; — *Domaine de Fée*, 1895 ; — *La pluie et le beau temps*, 1895 ; — *Le Roi fou*, 1896.

Jules Laforgue (1860-1887). — *Les Complaintes*, 1885 ; — *L'Imitation de Notre-Dame la Lune*, 1886 ; — *Le Concile féerique*, 1886 ; — *Moralités légendaires*, 1887 ; — *Chroniques parisiennes*, dans la *Revue Indépendante*, 1887 ; — *Des Fleurs de bonne volonté*, dans la *Revue Indépendante*, 1888 et *Vers inédits*, dans la *Revue Indépendante*, 1888. — *Fragments inédits*, dans *Entretiens politiques et littéraires*, 1891-1892 ; — *Revue Blanche*, 1894-1896, etc.

Comte de Lautréamont (1846-1874). — *Les Chants de Maldoror*, chant Ier, 1868 ; — *Poésies* (I-II), 1870 ; — *Les Chants de Maldoror* (I-VI), 1874 ; 2e éd. 1890.

Pierre Louys (....). — *Astarté*, 1892 ; — *Les Poésies de Méléagre*, 1893 ; — *Léda*, 1893 ; — *Chry-*

sis, 1893 ; — *Scènes de la Vie des Courtisanes, de Lucien*, 1894 ; — *Ariane*, 1894 ; — *La Maison sur le Nil*, 1894 ; — *Les Chansons de Bilitis*, 1894 ; — *Aphrodite*, 1896.

Maurice Maeterlinck (1862). — *Serres chaudes*, 1889 ; — *La Princesse Maleine*, 1889 ; — *Les Aveugles, l'Intruse*, 1890 ; — *L'Ornement des Noces spirituelles, de Ruysbrœck*, 1891 ; — *Les Sept Princesses*, 1891 ; — *Pelléas et Mélisande*, 1892 ; — *Alladine et Palomides, Intérieur, La Mort de Tintagiles*, 1894 ; — *Annabella, de John Ford*, 1894 ; — *Les Disciples à Saïs et les Fragments de Novalis*, 1895 ; — *Le Trésor des Humbles*, 1896 ; — *Aglavaine et Sélysette*, 1896.

Stéphane Mallarmé (1842). — *Le Corbeau* (traduit d'Edgar Poe), 1875 ; — *La Dernière Mode*, 1875 ; — *L'Après-midi d'un Faune*, 1876 ; — *Préface à Vathek*, 1876 ; — *Les Mots anglais*, 1877 ; — *Les Dieux antiques*, 1878 ; — *Poésies* (édition autographe), 1887 ; — *Les Poèmes d'Edgar Poe*, 1888 ; — *Le Ten o'clock de M. Whistler*, 1888 ; — *Pages*, 1890 et 1891 ; — *Les Miens : Villiers de l'Isle-Adam*, 1892 ; — *Vers et prose*, 1892 ; — *La Musique et les Lettres*, 1894.

Poésies dans : *Le Papillon*, 1862 ; — *l'Artiste*, 1863 ; — *Parnasse satirique*, 1864 ; — *Parnasse contemporain*, 1866, 1869 ; — *Revue critique*, 1884 ; — *Revue Indépendante*, 1885, 1887 ; — *Revue Wagnérienne*, 1885 ; — *La Vogue*, 1886 ;

— *Les Hommes d'aujourd'hui*, 1887; — *La Revue Blanche, La Plume*, 1889, 1895, 1896; — *Le Figaro*, 1895, 1896; — *Le Chap Book*, 1895; etc.

Proses dans: *l'Artiste*, 1863; — *la Saison à Vichy*, 1865, — *Revue des Lettres et des Arts*, 1868; — *Journal d'un Défenseur de Paris*, 1870-71; — *La Patrie*, 1871; — *Le National*, 1872; — *La Renaissance*, 1872; — *L'Illustration*, 1873; — *Revue du Monde nouveau*, 1874; — *République des Lettres*, 1876; — *L'Art et la Mode*, 1884, 1885; — *Revue Wagnérienne*, 1885; — *Gazetta Letteraria*, 1886; — *Les Hommes d'aujourd'hui*, 1886; — *Revue Indépendante*, 1887; — *La Revue Blanche*, 1894, 1895, 1896; — *Le National Observer*, 1894; — *Le Mercure de France*, 1894; — *Le Chap Book*, 1896; etc.

ROBERT DE MONTESQUIOU (....). — *Les Chauves-Souris*, 1893; — *Le Chef des Odeurs suaves*, 1894; — *Le Parcours du Rêve au Souvenir* 1895; — *Les Hortensias bleus*, 1896.

JEAN MORÉAS (1856). — *Les Syrtes*, 1884; — *Le Thé chez Miranda*, 1886; — *Les Cantilènes*, 1886; — *Les Demoiselles Goubert*, 1887; — *Le Pèlerin passionné*, 1890; — *Éryphile*, 1894.

FRANCIS POICTEVIN (....). — *La Robe du Moine*, 1882; — *Ludine*, 1883; — *Songes*, 1884; — *Petitau*, 1885; — *Seuls*, 1887; — *Paysages et Nouveaux Songes*, 1888; — *Derniers Songes*.

1889 ; — *Double,* 1890 ; — *Presque,* 1891 ; — *Heures,* 1892 ; — *Tout Bas,* 1893 ; — *Ombres,* 1894.

Pierre Quillard (1864). — *La Fille aux mains coupées,* 1886 ; — *La Gloire du Verbe,* 1890 ; — *L'Antre des Nymphes, de Porphyre,* 1893 ; — *Le Livre des Mystères, de Jamblique,* 1895 ; — *Lettres rustiques de Claudius Ælianus,* 1895.

Rachilde (1860). — *Monsieur de la Nouveauté,* 1880 ; — *Monsieur Vénus,* 1882 ; — *Queue de Poisson,* 1883 ; — *Histoires bêtes,* 1884 ; — *Nono,* 1885 ; — *La Virginité de Diane,* 1885 ; — *A Mort!* 1886 ; — *La Marquise de Sade,* 1887 ; — *Le Tiroir de Mimi-Corail,* 1887 ; — *Madame Adonis,* 1888 ; — *L'Homme Roux,* 1888 ; — *Le Mordu,* 1889 ; — *Minette,* 1889 ; — *La Sanglante Ironie,* 1891 ; — *Théâtre,* 1891 ; — *L'Animale,* 1893 ; — *Le Démon de l'Absurde,* 1894 ; — *La Princesse des Ténèbres,* 1896.

Henri de Régnier (1864). — *Lendemains,* 1885 ; — *Apaisement,* 1886 ; — *Sites,* 1887 ; — *Épisodes,* 1888 ; — *Poèmes anciens et romanesques,* 1890 ; — *Épisodes, Sites et Sonnets,* 1891 ; — *Tel qu'en Songe,* 1892 ; — *Contes à soi-même,* 1893 ; — *Le Bosquet de Psyché,* 1894 ; — *Le Trèfle Noir,* 1895 ; — *Aréthuse,* 1895 ; — *Poèmes* (1887-1892), 1896.

Jules Renard (1864). — *Les Roses,* 1886 ; — *Crime*

de Village, 1888 ; — *Sourires pincés*, 1890 ; — *L'Écornifleur*, 1892 ; — *Coquecigrues*, 1893 ; — *Deux Fables sans morale*, 1893 ; — *La Lanterne sourde*, 1893 ; — *Poil de Carotte*, 1894 ; — *Le Vigneron dans sa vigne*, 1895 ; — *Histoires naturelles*, 1896 ; — *La Maîtresse*, 1896.

ADOLPHE RETTÉ (1862). — *Cloches en la nuit*, 1889 ; — *Thulé des Brumes*, 1892 ; — *Une belle Dame passa*, 1893 ; — *Réflexions sur l'Anarchie*, 1894 ; — *Trois Dialogues nocturnes*, 1895 ; — *Paradoxe sur l'amour*, 1895 ; — *L'Archipel en fleurs*, 1895 ; — *Similitudes*, 1896 ; — *La Forêt bruissante*, 1896 ; — *Propos subversifs*, 1896.

ARTHUR RIMBAUD (1854-1891). — *La Saison en Enfer*, 1873 ; — *Les Illuminations*, 1886 ; — *Reliquaire*, 1891.

SAINT-POL-ROUX (1861). — *L'Ame noire du Prieur blanc*, 1893 ; — *Épilogue des Saisons Humaines*, 1893 ; — *Les Reposoirs de la Procession*, I, 1893.

ALBERT SAMAIN (1859). — *Au Jardin de l'Infante*, 1893.

STUART MERRILL (1863). — *Les Gammes*, 1887 ; — *Pastels en prose*, 1890 ; — *Les Fastes*, 1891 ; — *Petits Poèmes d'Automne*, 1895.

LAURENT TAILHADE (1854). — *Le Jardin des Rêves*, 1879 ; — *Un douzain de Sonnets*, 1882 ; —

Le Paillasson, pasquille hebdomadaire, 1886-1887 ; — *Au pays du Mufle*, 1891 ; — *Vitraux*, 1891 et 1894.

ÉMILE VERHAEREN (1855). — *Les Flamandes*, 1883 ; — *Contes de Minuit*, 1884 ; — *Les Moines*, 1886 ; — *Les Soirs*, 1887 ; — *Les Débâcles*, 1890 ; — *Les Flambeaux noirs*, 1891 ; — *Aux Bords de la Route*, 1891 ; — *Les Apparus dans mes chemins*, 1891 ; — *Les Campagnes hallucinées*, 1893 ; — *Almanach*, 1894 ; — *Les Villages illusoires*, 1895 ; — *Les Villes tentaculaires*, 1896 ; — *Poèmes (Les Bords de la Route, les Flamandes, les Moines)*, 1896 ; — *Poèmes (Les Soirs, les Débâcles, les Flambeaux noirs)*, 1896.

Deux brochures : *Joseph Heymans* et *Fernand Khnopff*.

PAUL VERLAINE (1844-1896). — *Poèmes Saturniens*, 1866 ; — *Fêtes Galantes*, 1870 ; — *La Bonne Chanson*, 1871 ; — *Romances sans paroles*, 1872 ; — *Les Poètes maudits*, 1872 et 1888 ; — *Sagesse*, 1871 ; — *Jadis et Naguère*, 1881 ; — *Louise Leclercq* (suivi de *Le Poteau, Pierre Duchâtelet, Madame Aubin*), 1887 ; — *Mémoires d'un veuf*, 1887 ; — *Amour*, 1888 ; — *Parallèlement*, 1889 ; — *Bonheur*, 1889 ; — *Dédicaces*, 1890 ; — *Chansons pour Elle*, 1891 ; — *Liturgies intimes*, 1892 ; — *Mes Hôpitaux*, 1893 ;— *Quinze jours en Hollande*, 1894 ; — *Dans les Limbes*, 1894 ; — *Confessions*, 1895 ; — *Invectives*, 1896.

Francis Vielé-Griffin (1864). — *Cueille d'Avril*, 1886 ; — *Les Cygnes*, 1887 ; — *Ancœus*, 1888 ; — *Joies*, 1889 ; — *Diptyque* (*Le Porcher, Eurythmie*), 1891 ; — *Les Cygnes*, nouveaux poèmes, 1892 ; — *La Chevauchée d'Yeldis*, 1893 ; — *Swanhilde*, 1894 ; — Πάλαι, 1895 ; — *Laus Veneris* (traduit de *Swinburne*), 1895 ; — *Poèmes et Poésies* (1886-1893), 1895.

Villiers de l'Isle-Adam (1838-1889). — *Morgane*, 1855 ; — *Deux Essais de Poésies*, 1858 ; — *Premières Poésies*, 1860 ; — *Isis*, 1862 ; — *Elën*, 1864 ; — *Claire Lenoir*, 1867 (dans la *Revue des Lettres et des Arts*, devenu *Tribulat Bonhomet*, 1887) ; — *L'Évasion*, 1870 ; — *La Révolte*, 1870 ; — *Azraël*, 1878 ; — *Le Nouveau Monde*, 1880 ; — *Contes Cruels*, 1880 ; — *L'Ève future*, 1886 ; — *Axël*, 1886 (dans la *Jeune France*; en volume, 1890) ; — *Akëdysséril*, 1886 ; — *L'Amour suprême*, 1886 ; — *Histoires insolites*, 1888 ; — *Nouveaux Contes cruels*, 1889 ; — *Chez les Passants*, 1890 ; — *Propos d'Au-delà*, 1893.

Fragments inédits, dans le *Mercure de France*, 1890-91-92-93.

TABLE DES MATIÈRES

TABLE DES MATIÈRES

	Pages
Préface.	5
Maurice Maeterlinck.	17
Émile Verhaeren	31
Henri de Régnier.	39
Francis Vielé-Griffin.	47
Stéphane Mallarmé.	55
Albert Samain	63
Pierre Quillard.	69
A.-F. Herold.	75
Adolphe Retté.	81
Villiers de l'Isle-Adam.	87
Laurent Tailhade.	97
Jules Renard.	105
Louis Dumur	113
Georges Eekhoud.	121
Paul Adam.	131

Lautréamont	137
Tristan Corbière	151
Arthur Rimbaud	159
Francis Poictevin.	165
André Gide	173
Pierre Louys.	181
Rachilde	187
J.-K. Huysmans	193
Jules Laforgue.	203
Jean Moréas	211
Stuart Merrill.	219
Saint-Pol-Roux	227
Robert de Montesquiou.	233
Gustave Kahn	241
Paul Verlaine	249
Bibliographie	255

MERCVRE DE FRANCE

Fondé en 1672
(Série moderne)

15, RVE DE L'ÉCHAVDÉ. — PARIS
paraît tous les mois en livraisons de 200 pages, et forme dans
l'année 4 volumes in-8, avec tables.

ROMANS, NOUVELLES, CONTES, POÈMES, MUSIQUE, ÉTUDES,
TRADUCTIONS, AUTOGRAPHES, PORTRAITS, DESSINS & VIGNETTES

Rédacteur en Chef : ALFRED VALLETTE

CHRONIQUES MENSUELLES

Épilogues (actualité) : Remy de Gourmont ; *Les Romans*
Les Poèmes : Francis Vielé-Griffin ; *Littérature*
Théâtre (publié), *Histoire* : Louis Dumur ;
Psychologie, Sociologie, Morale :
Économie sociale : Christian
Ésotérisme et Spiritisme :
Journaux et Revues : Robert de Souza
Les Théâtres (représentations) : A.
Musique : Charles-Henry Hirsch ; *Art*
Lettres allemandes : Henri Albert ;
Lettres italiennes : Remy de
Lettres Portugaises : Philéas Lebesgue

PRINCIPAUX COLLABORATEURS

Paul Adam, Edmond Barthélemy, Tristan
Jean Court, Louis Denise, Georges
André Fontainas, Paul
José-Maria de Heredia, Bernard
Maurice Maeterlinck,
Charles
Charles Morice, Pierre Quillard,
Jacques Rebell, Henri de Régnier,
Georges Rodenbach, Saint-Pol-Roux, Camille
Marcel Schwob, Robert de Souza, Laurent
Tancrède de Visan

Prix du Numéro :
FRANCE : 1 fr. 50 — UNION : 1 fr. 75
ABONNEMENTS

www.ingramcontent.com/pod-product-compliance
Lightning Source LLC
Chambersburg PA
CBHW070545160426
43199CB00014B/2384